清掃工場・リサイクル施設図鑑

監修 梅澤 真一

金の星社

もくじ

はじめに …………………………………………… 4
わたしたちが出したごみはどこへ ……………… 5

1 ごみの種類を調べよう

- ごみはどこから？ ……………………………… 10
- ごみの分別を調べよう ………………………… 14
- ごみはどこへ？ ………………………………… 16
- ごみを出してみよう …………………………… 18
- 収集車がごみを運ぶ …………………………… 20

2 清掃工場を見学しよう

- 清掃工場見学のじゅんびをしよう …………… 24
- これが清掃工場！ ……………………………… 26
- 清掃工場の仕事 ………………………………… 34
- 清掃工場の働き ………………………………… 38
- 不燃ごみ・粗大ごみの処理施設 ……………… 42

3 リサイクル施設を見学しよう

- 資源のリサイクル施設は何をしているの？……………………… 48
- どのような作業をしているの？…………………………………… 50
- 分別とリサイクル…………………………………………………… 56
- ごみの収集と処理のうつりかわり………………………………… 58

4 ごみ問題を考えよう

- 日本と世界のごみの量……………………………………………… 60
- ごみをめぐる問題…………………………………………………… 62
- ３Rを広めよう！…………………………………………………… 64
- 家庭から出るごみをへらそう！…………………………………… 66
- 学校のごみをへらす取り組み……………………………………… 68
- 地域のごみをへらす取り組み……………………………………… 70
- 循環型社会をめざそう……………………………………………… 72
- 見学したことをまとめよう………………………………………… 74

　　　さくいん……………………………………………………… 78

はじめに

　わたしたちが生活していると、どうしても、いらないものが出てきます。例えば、バースデーケーキを買うときのことを考えてみましょう。ケーキ屋さんでは、買ったケーキをかたい紙の箱に入れて持ち帰りやすくしてくれます。また、ケーキがいたまないように、保冷剤もつけてくれます。もし箱がなかったら、家から大きなおさらを持っていかなくてはならないので、とても不便です。

　でも、家に帰ってバースデーケーキを食べ終えるころには、箱はごみになります。ケーキを運ぶためにつくられた箱だからです。保冷剤も、役目を終えて捨ててしまうことが多いでしょう。

　生活が便利になるにしたがって、このようにすぐにごみになってしまうものがふえました。しかし、使い捨てのものばかりのくらしは、はたしてゆたかといえるのでしょうか。このまま続けてよいのでしょうか。

　この図鑑では、ごみを処理する清掃工場のしくみや、リサイクル施設の作業の様子、ごみをへらすための取り組みなどを、くわしくしょうかいしています。わたしたちが出すごみについて理解を深め、日々のくらしを見直すきっかけにしてください。これから、ごみとうまく付き合うための方法を考えましょう。

筑波大学附属小学校
社会科教育研究部教諭
梅澤真一

わたしたちが出したごみはどこへ

ごみの種類を調べよう

ごみはどこから？

生活をしていると、どうしてもごみが出ます。家のそれぞれの部屋でどんなごみが出ているのか、調べてみましょう。

家から出るごみを調べよう

毎日くらしていると、いらないものが出てきます。役目を終えたものや、古くなって使わなくなったもの、こわれて使えなくなったものなどは、ごみになります。例えば、キッチンからは、生ごみや食品をつつんでいたふくろ、食品トレイ、リビングからは読み終えた新聞やチラシ、子ども部屋からはこわれたおもちゃや着られなくなった服など、あらゆる場所からいろいろなごみが出ます。

ためしに1週間、自分の家からどんなごみが出ているか、家族といっしょに記録をとって調べてみましょう。

■ リビングから出るごみ

- ティッシュペーパー
- 新聞やチラシ
- ペットボトル
- 蛍光管（けいこうかん）
- 電池
- 花

（一例）

■ キッチンから出るごみ

 野菜くず
 食べ残し
 食品トレイ

 みそやしょうゆの容器
 牛乳パック
 びん・かん

 おさら
 フライパン
 スポンジ

（一例）

いろんなごみが出てるね！

■ おふろやトイレ、洗面所から出るごみ

 シャンプーの容器
 トイレットペーパーのしん

 歯ブラシや歯みがき粉のチューブ
 タオル

（一例）

■ 子ども部屋から出るごみ

 プリント
 おかしのふくろ

 おもちゃ
 工作のごみ

 服
 本

（一例）

① ごみの種類を調べよう

学校・まちで出るごみを調べよう

　ごみは、学校生活でも出ます。使い終わった紙や給食の食べ残しなどです。まちの中でも毎日、たくさんのごみが出ています。コンビニエンスストアや駅、公園などに置かれたごみ箱は、食品のふくろや新聞・雑誌、ペットボトルやおべんとうの容器などでいっぱいです。ほかにも、地域のそうじで集められる落ち葉やあきかん、会社やレストランなどから出るごみが大量にあります。

ぼくのクラスでは給食は残さず食べてるけどなぁ

■ 学校で出るごみ

ティッシュペーパー

えんぴつのけずりかす

使い終わった紙

給食の食べ残し

工作のごみ

ちりやほこり

（一例）

■ まちで出るごみ

ペットボトル

びん・かん

おべんとうの容器

紙コップ

おかしのふくろ

新聞・雑誌

公園や街路樹などの枯れ木

落ち葉　　（一例）

ごみをどれくらい出しているのかな？

まちで1日に出るごみの量

まちでは、1日にどれくらいの量のごみが出ているのでしょう。例えば東京都武蔵野市では、1日に出されるごみの量が、2016年度では市全体で約108tありました。これは、一般的なごみ収集車（➡P.20）に積むと、約54台分の量です。

市で出るごみの中で多いのが、家庭から出るごみです。武蔵野市では、1日に出る約108tのごみのうち、家庭から出るごみが約93tをしめています。

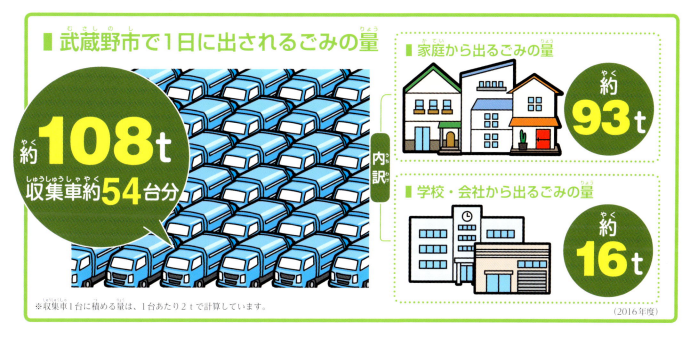

1人が1日に出すごみの量

2016年度に、東京都武蔵野市で1日に出されたごみの量を市の人口でわると、赤ちゃんからお年寄りまで、1人が1日に約754gのごみを出していた計算になります。

日本全国で見ると、1人が1日に出すごみの量は約925gですから、武蔵野市はそれとくらべて少ないことがわかります。みなさんの住むまちでは、1人が1日にどれくらいのごみを出しているか、調べてみてください。

（出所）武蔵野市「平成29年度版事業概要」、環境省「平成28年度一般廃棄物の排出及び処理状況等」

ごみの分別を調べよう

家庭から出るごみは、市区町村が集めます。そのときに大事なのが、ごみの「分別」です。

▼ごみの分別の例　東京都武蔵野市でのごみ分別のしかた（2017年度）。ごみをどんな種類に分けて出すかは、市区町村ごとに決められている。分別のよび名も、「燃やすごみ」や「燃えるごみ」、「ペットボトル」や「資源ごみ」など、市区町村ごとにちがっている。

🗑 資源をむだにしないための「分別」

家から出るごみは、放っておいたら衛生的によくありません。そこで市区町村が、ごみをまとめて処理するために、家庭から出るごみを集めて回っています。

わたしたちは、ごみを出すとき、種類別に分けなければなりません。これを「分別」といいます。分別をする大きな理由は、ごみと思われているものの中に、資源として使えるものがあるからです。例えば、古新聞を「燃やすごみ」にまぜて出すと、燃やされて灰になってしまいますが、「紙ごみ」として出せば、再生紙の原料にすることができます。

また、「燃やすごみ」にスプレーのかんなどがまざっていると、処理するときに火事の原因になることがあります。分別は、ごみ処理をする人の安全を守ることにもつながります。

「ごみによって集めにくる曜日がちがうんだね」

「燃やすごみはたくさん出るから、週に何度も集めるのよ」

粗大ごみ

市に電話などで申しこみをすると、決められた日に収集にきてくれる。

ふとん　　　たんす

いす・つくえ

カーペット　　自転車

資源ごみ (週2回)

「プラスチック容器・包装とペットボトルが回収される曜日」と「その他の資源ごみが回収される曜日」が別です。

ペットボトル　　プラスチック容器・包装

古着（着られるもの）　びん　かん

雑誌・古本　新聞紙　段ボール

有害ごみ (週1回)

カセットボンベ　スプレーのかん

体温計　　ライター

乾電池　　蛍光管

🎒 市区町村によるちがい

市区町村によって、分別のしかたはちがいます。それは、市区町村によって、ごみの処理のしかたがちがうからです。そのまちが、どんなごみの処理施設をもっているのか、また、どんなごみ処理設備をもった会社にごみの処理をお願いしているのかなどによって、分別のしかたも変わるのです。

「地域によって分別のしかたがちがうのね」

1 ごみの種類を調べよう

ごみはどこへ？

市区町村が集めて回った家庭のごみは、どこへ運ばれていくのでしょうか。ごみを集めていく車のゆくえを調べました。

🏠 家庭ごみのゆくえ

分別されて家庭から出されたごみは、種類ごとに、処理できる施設へと運ばれていきます。

例えば「燃やすごみ」は、ごみを高温で燃やして灰にする「清掃工場」へと運ばれます。燃やされて灰になったごみは、「最終処分場」という場所に運ばれて、うめ立てられたり、市区町村によってはセメントなどの材料にリサイクルされたりもしています。

「燃やさないごみ」には、鉄やアルミなどの金属がまざっています。金属は新しい製品をつくる材料にできるので、「不燃ごみ処理施設」で取り出して、再利用されています。金属以外のごみは、最終処分場にうめ立てられたり、燃やされたりしています。

右の図は東京都武蔵野市のごみのゆくえです。みなさんの住むまちの処理の流れも調べてみましょう。

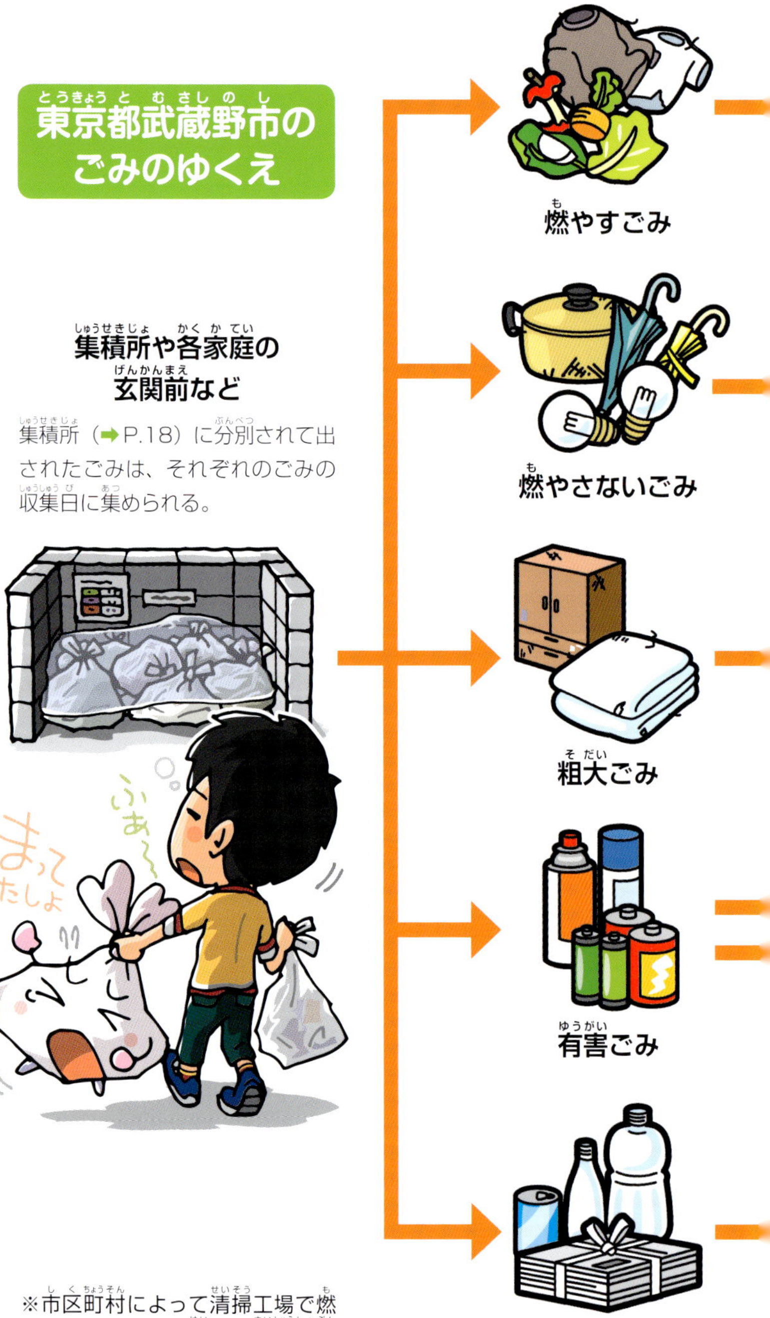

東京都武蔵野市のごみのゆくえ

集積所や各家庭の玄関前など

集積所（➡P.18）に分別されて出されたごみは、それぞれのごみの収集日に集められる。

- 燃やすごみ
- 燃やさないごみ
- 粗大ごみ
- 有害ごみ
- 資源ごみ

※市区町村によって清掃工場で燃やされたあとの灰が、最終処分場（うめ立て処分場）に運ばれる場合もあります。

資源になるごみはリサイクル施設へ

分別されたペットボトルやかん、びんなどは、ごみではなく「資源」です。これらは「燃やすごみ」と同じ場所で回収されても、清掃工場ではなく、「リサイクル施設」へ運ばれます。

リサイクル施設では、ペットボトルやかんはおしつぶし、びんはこまかくくだいて、それぞれ資源ごとに運びやすい形にまとめます。資源はそれぞれ「リサイクル工場」に買ってもらい、新しい製品をつくるのに必要な原料につくりかえられます。

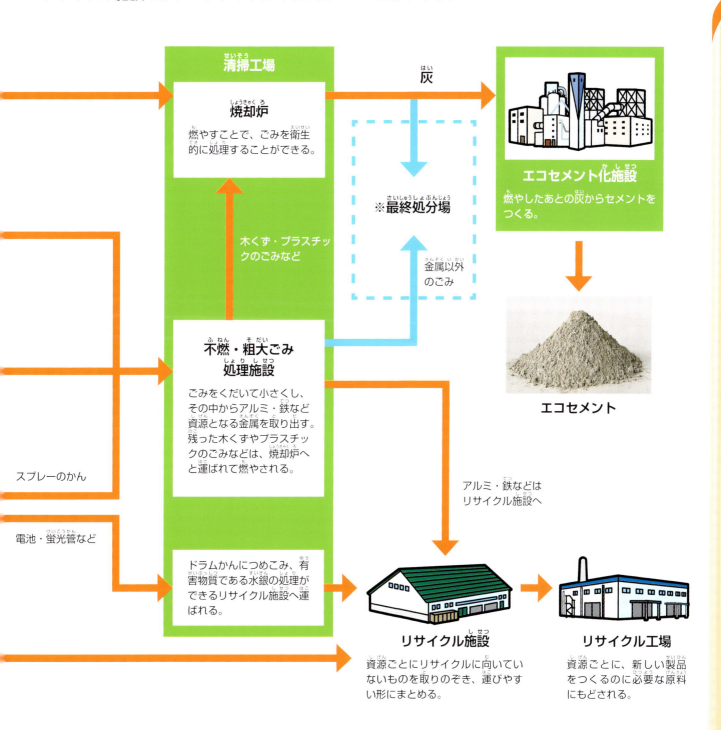

ごみを出してみよう

ごみは分別のしかただけでなく、出し方にもきまりがあります。正しく分けて、正しく出すことが大切です。ごみ出しのルールの一例を見てみましょう。

◯ごみ集積所での収集の作業　1けんごとにごみを集めている市区町村でも、マンションなどの集合住宅には集積所がある。

🛍 決められた日、決められた時間に

家庭から出るごみや資源は、市区町村が集めて清掃工場などへ運びます。市区町村は、その収集日を、ごみや資源の種類ごとに定めています。例えば「燃やすごみの収集日は毎週火曜日と金曜日」「ペットボトルは毎週月曜日」などと決めています。

ごみ出しには、時間や場所にもルールがあります。時間は、「朝9時までに出す」というように決められていますが、これは、ごみを集める「収集車」が来る時間までに、ごみを出してもらうためです。

ごみを出す場所は、市区町村のごみの集め方によってちがいます。ごみをまとめて集める市区町村では、「ごみ集積所」というごみ置き場をつくり、そこでごみや資源を集めます。家を1けん1けん回ってごみを集めるところもあります。そこでは各家ごとに、玄関前などにごみを出します。

ルールを守って、きちんと出そう！

ごみ出しのルールは、市区町村ごとに決まっています。そのひとつが、指定のごみぶくろを使うこと。市区町村が住民にふくろを売り、そのお金をごみや資源の処理に使っているのです。このルールのある市区町村では、レジぶくろなどに入れてごみを出すと、ルール違反のため収集してもらえません。

ほかにもさまざまなルールがあります。みなさんのまちにどんなごみ出しのきまりがあるか、調べてみましょう。

ごみ出しのルールの例

別の種類のごみをまぜない。
収集車は、同じ種類のごみを集めるので、ほかのごみがまざっているとこまる。危険物がまざっていると、作業員がけがをする原因にもなる。

かならず決められた場所に、決められた時間までに出す。
指定の時間に間に合わないと収集してもらえない。また、収集日ではない日に出すと、動物などがごみをあらし、散らかる原因となる。

決められたごみぶくろを使う。
ふくろを買うときにはらうお金が、ごみや資源の処理に使われる。

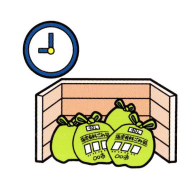

働く人にインタビュー 通行する人や車の安全に注意しています

わたしの仕事は、収集車に乗って家庭から出るごみを集めることです。1台の車に2～3人の作業員が乗り、市内の家を1けん1けん回ってごみを集めています。とりわすれがないよう、地区ごとに車の通る順路が決まっているんですよ。

作業中にいちばん気をつけているのは、安全です。交通事故などを起こさないように、作業員同士で「歩行者が来たよ」「自転車が来たよ」と声をかけ合い、注意しています。道路に収集車をとめて作業をするので、人や車が来たらまずは道をゆずり、そのあとごみを集めます。

ごみを集めたあと、うしろをふり返ると、まちがきれいになっていてとてもうれしいです。いつも同じ場所を回るので、地域の人とも顔見知りになります。小さな子が手をふってくれたり、「ありがとう」とごみを手わたししてくれたりすると、本当にうれしいですね！

東京都武蔵野市
収集委託作業員
寺本綾明さん

収集車がごみを運ぶ

家庭から出るごみを集めて回るのは「ごみ収集車」です。たくさんのごみを一度に積みこむ車は、どんなしくみになっているのでしょう。

■ 投入口
作業員は、ここへふくろごとごみを入れる。

■ 緊急停止バー
何か問題が起きたとき、作業員がこのバーをおして、収集車の回転板を止める。

集めたごみを出すとき
❶ テールゲートを上げる
❷ 車体（ボディ）をかたむける

🗑 たくさんのごみを一度に運ぶ収集車

まちを回って家庭から出るごみを集め、清掃工場などへ運んでいるのが「ごみ収集車」です。「パッカー車」とよばれる特別な車で、車のサイズによって、一度に2～4tもの大量のごみを積むことができます。たくさんのごみをまとめて運べるように、車の中でごみぶくろをおしつぶして小さくしたり、車におしこんだりできるしくみになっています。

■ のぞき窓
車の中にごみがどれくらい入っているか、ここからのぞいてかくにんできる。

■ 消火器
万が一ごみが燃えたときは、これで消す。

ごみの中にカセットボンベや電池、スプレーかんなどがまざっていると火事になってしまうことがあるのよ！

■ 操作スイッチ
このスイッチで、テールゲートや車体（ボディ）の上げ下げの操作をし、車からごみを出す（左ページカコミ）。

■ ごみを車に積みこむしくみ（回転板式パッカー車）

投入口にごみを入れる。

①の回転板が回って、ごみをかきあげ、車の中に入れる。

上がってきたごみを、②の回転板がおしこむ。

1・ごみの種類を調べよう

21

収集車の種類

パッカー車とよばれる収集車が入れないような細い路地では、軽ダンプ車が活躍します（写真1）。このような小さな車で、ごみの集積所や1けん1けんの家のごみを集めて回っています。

また、ごみ収集車の中には、環境にやさしいしくみをもつ車種もあります。例えば、石油からつくられる軽油と、電気を燃料として走るハイブリッド式収集車です（写真2）。この車は、ほかの収集車にくらべて、二酸化炭素を出す量が少なく、環境への影響が少ない排気ガスを出します。

■ さまざまな収集車

▲（写真1）細い路地でも入って行ける軽ダンプの収集車

▲（写真2）軽油と電気を燃料として走るハイブリッド式収集車

何度も往復する収集車

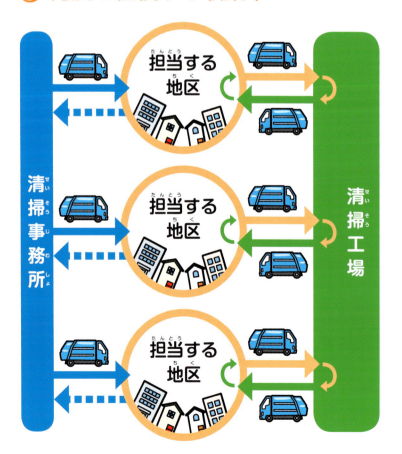

ごみ収集の作業は、一度で終わりではありません。朝、清掃事務所を出発した収集車は、ごみの集積所や家々を回ってごみを集め、車がいっぱいになると清掃工場へ向かって、ごみをおろします。そして、空になった収集車はふたたびまちへもどってごみを集め、清掃工場へと運ぶのです。

1台の車が往復する回数は、地域のごみの量によって変わります。ごみが多いと、その回数もふえます。

4〜5回もくり返すことがあるんだって！

② 清掃工場を見学しよう
せいそう

清掃工場見学のじゅんびをしよう

地域のごみがどのように処理されているのかを知るために、清掃工場見学に行ってみましょう。見学前にじゅんびすることや、注意点をしょうかいします。

見学前に整理しておくこと

1 見学前に、地域の清掃工場の下調べをしよう！

ごみの処理は、市区町村が行っています。役所のホームページなどを見ると、自分たちのまちから出るごみを処理している清掃工場がわかります。

2 見学の目的や質問したいことをまとめておこう！

清掃工場を見学して何を知りたいのか、また、働いている人にどんなことを聞いてみたいのかなどを、あらかじめノートにまとめておきましょう。

見学前の自分の予想も書いておくといいわね

見学中の注意点

清掃工場へ行ったら、見学のルールを守りましょう。多くの清掃工場では、見学をする場所や、順路が決まっています。それにそって見学すると、ごみ処理の流れがよくわかるようになっています。清掃工場の人の話をよく聞いて、危険のないようにしましょう。

ここに注目してみよう！

　清掃工場は、ぐるっと見学するだけでもごみ処理の流れがわかるようになっていますが、次のようなことに注目すると、より理解が深まります。

働いている人に注目！

　清掃工場にはいろいろな仕事があり、それぞれの分野で働いている人がいます。次のようなことに注目して、話を聞いてみましょう。

- 工場にはどんな仕事があるのかな？
- 1日何時間くらい働くのかな？
- 仕事をしていてうれしいことや、大変なことは何かな？

設備のすごさに注目！

　清掃工場では、ごみを処理するための特別な建物や機械があります。その特徴やパワーに注目しましょう。

- 建物のつくりはどうなっているのかな？
- どんな機械が使われているのかな？
- 焼却炉は、どれくらいの量のごみを燃やせるのかな？

環境への気くばりに注目！

　清掃工場では、まわりの環境に悪い影響が出ないようにごみを処理しています。そのくふうに注目しましょう。

- ごみのにおいはどうして外にもれないのかな？
- 燃やしたときに出る熱は何に使われているのかな？
- えんとつから出るけむりは害にならないのかな？

これが清掃工場！

清掃工場に着きました。燃やすごみを処理する様子を、順を追って見ていきましょう！

さあ、見学を始めよう！

ここは、東京都武蔵野市の清掃工場「武蔵野クリーンセンター」です。この清掃工場では、武蔵野市内で出る「燃やすごみ」「燃やさないごみ」「粗大ごみ」「有害ごみ」を処理しています。これから見学するのは、「燃やすごみ」の処理の流れです。

▶武蔵野クリーンセンター　武蔵野市の清掃工場は、まちの真ん中、市役所のとなりにある。まちの景色にとけこむような建物になっている。

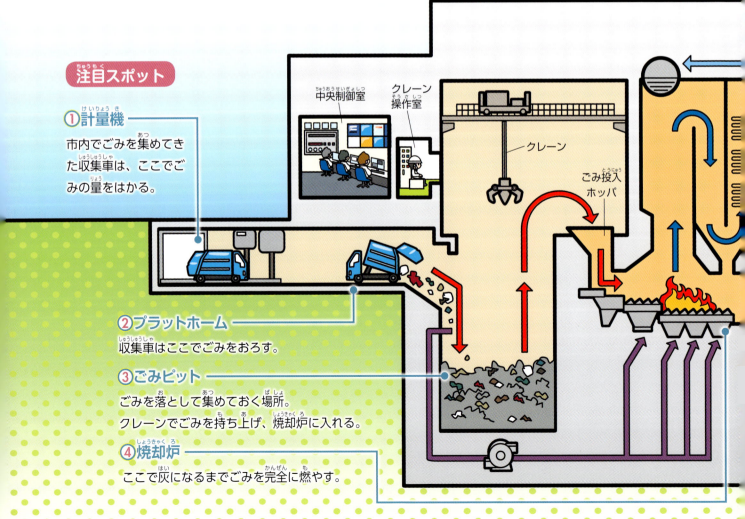

注目スポット

①計量機
市内でごみを集めてきた収集車は、ここでごみの量をはかる。

②プラットホーム
収集車はここでごみをおろす。

③ごみピット
ごみを落として集めておく場所。クレーンでごみを持ち上げ、焼却炉に入れる。

④焼却炉
ここで灰になるまでごみを完全に燃やす。

コラム 清掃工場は24時間動きっぱなし!?

清掃工場は、点検のために定期的に機械をとめることはあっても、きほんてきには休みがありません。焼却炉は24時間ごみを燃やし続けています。そのため清掃工場の職員も、交替しながら夜中も働いています。焼却炉で24時間燃やし続けているのは、安定して燃やし続けると、人の体に有害なダイオキシンなどのガスの発生をおさえることができるからです。

燃やされたごみが何になっているかわかるかしら？

- → ごみの流れ
- → 空気の流れ
- → 排ガスの流れ
- → 蒸気の流れ
- → 灰の流れ
- → 電気の流れ

⑥えんとつ
きれいになった排ガスだけがここから出ていく。

⑤排ガスの処理
ごみを燃やすことで出る高温の排ガスを処理している。

⑦灰選別設備
燃やすごみを処理すると、最後に灰が残る。これはリサイクルのために、エコセメント化施設（→P.33）へ送られる。

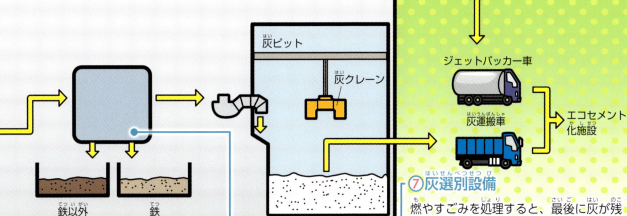

注目スポット① ごみの重さをはかる 計量機

まちを回ってごみを集めた収集車は、清掃工場へ着くと、まず積んできたごみの重さをはかります。右の写真で車がとまっているゆかは、じつは巨大なはかりになっていて、ごみの重さをはかることができます。

作業員だけが乗った空の車の重さをあらかじめはかってあるので、収集後の車の重さから収集前の車の重さを引くと、のせてきたごみの重さがわかるしくみです。こうして、その日に集めたごみの重さを調べておきます。

⬆計量機にのる収集車　写真の収集車は、1台で2tのごみを積める。

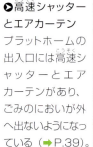
⬆高速シャッターとエアカーテン　プラットホームの出入口には高速シャッターとエアカーテンがあり、ごみのにおいが外へ出ないようになっている（➡P.39）。

注目スポット② 収集車がごみをおろす プラットホーム

ごみの重さをはかり終えた収集車は、「プラットホーム」へと進みます。プラットホームはごみをおろす場所で、ここでは3か所のとびらが設置されています。収集車は、そのひとつのとびらの前に車をとめて荷台をかたむけ、積んできたごみを落とします。落としている場所は、「ごみピット」とよばれる、ごみをためておく巨大なあなです。

⬆プラットホーム　プラットホームでは、作業員が車からおりて、車が正しい位置で停止したことをかくにんし、運転手に車体（ボディ）を上げるよう指示する。ごみを全部おろしたかどうかも作業員が目で見てかくにんする。

注目スポット 3 ごみをためておく ごみピット

「ごみピット」は、焼却炉に入れる前のごみをためておく大きなあなです。清掃工場によっては「ごみバンカ」ともよばれます。

武蔵野クリーンセンターのごみピットは、11m×19mの広さがあり、高さは約33mもあります。5階建の建物がそのまま入る大きさで、1日に燃やせる量のごみが約6日分入るほど巨大です。かべに深さの目盛りがついていて、たまっているごみの量がわかりやすくなっています。

ごみピットの上には、巨大なクレーンがついています。そのクレーンでごみを持ち上げては落とし、ごみのふくろをやぶりながら、かきまぜます。生ごみなどのしめったごみがかたよっていると燃やしにくくなるので、かきまぜることでごみ全体の状態を同じようにしています。

その作業が終わると、クレーンでごみをつかみ上げて、すぐ脇の焼却炉の入口（ごみ投入ホッパ）へと入れます。

▲ごみピット　収集車が集めてきたごみがためられている。

こんな大きなクレーンでごみをつかんで焼却炉に入れてるんだね!!

動かしているのは作業員の人よ！くわしくは36ページを見てね

◀クレーンのバケット　ごみをつかむ部分は「バケット」といい、一度に約1tのごみをつかむことができる。

注目スポット ④ ごみを燃やす
焼却炉

　焼却炉に入れられたごみは、完全に灰になるまで、2～3時間かけてゆっくり燃やされます。
　焼却炉の内部は、ゆかが格子状の下り階段になっています。その階段は大きく3つの部分に分かれています。ごみが入ってすぐのゾーンは、ごみを乾燥させるところ。生ごみなど水分をふくんだごみを燃えやすいようにかわかします。
　2つ目のゾーンはごみを燃やすところ。そして3つ目のゾーンは、燃え残ったごみを灰になるまでしっかり燃やすところです。この階段状のゆかは、ゆっくり動きながらごみを移動させます。
　ものを燃やすためには空気が必要なので、焼却炉にはごみピットの中の空気が送られています。また、高温で燃やすことで、ごみのにおいが出ないようにしています。

ごみだけじゃなくてばいきんまでいっしょに燃やしちゃうんだって！

▶焼却炉の炎　ごみを燃やす温度は850℃以上。高温で燃やすことで、人体や環境に悪いダイオキシンなどのガスの発生をおさえている。

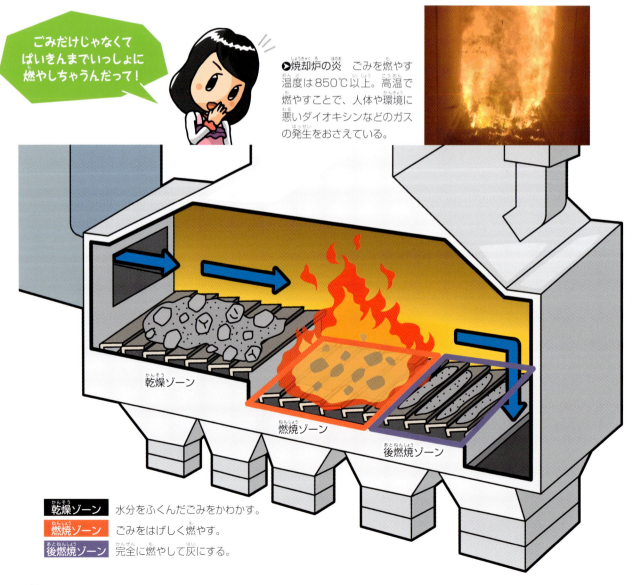

乾燥ゾーン　水分をふくんだごみをかわかす。
燃焼ゾーン　ごみをはげしく燃やす。
後燃焼ゾーン　完全に燃やして灰にする。

注目スポット 5 健康や環境を守るための排ガスの処理

ごみを燃やしていると、高温の排ガスが出ます。この中には、すすのほか、人の体に害のあるものや、環境に悪い有害物質がたくさんふくまれています。それをそのままえんとつから出すわけにはいかないので、清掃工場には、排ガスの中から有害物質を取りのぞく「ろ過式集じん装置」という装置が設置されています。

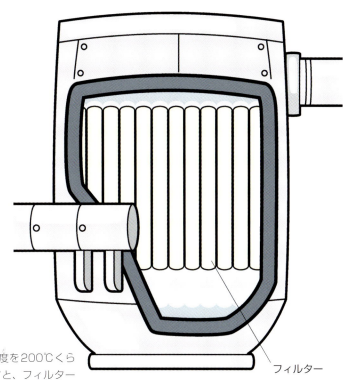

▶ろ過式集じん装置　排ガスの温度を200℃くらいに下げてから、この装置を通すと、フィルターが有害物質を取りのぞいて、排ガスをきれいにする。

注目スポット 6 きれいな排ガスだけを出すえんとつ

清掃工場のシンボルにもなっている高いえんとつからは、きれいになった排ガスが出ていきます。えんとつが高いのは、風の流れのある空の高いところへ出すことで、排ガスが広がってうすまっていくようにするためです。

▼武蔵野クリーンセンターの屋上から見たえんとつ

体に悪いものを取りのぞいてから排ガスを出してるんだぁ

冬の寒い日は白いけむりが出てるように見えるけど水蒸気だから安心してね

注目スポット 7　灰から金属などを取りのぞく　灰選別設備

　ごみを燃やすと、最後に灰が残ります。灰は焼却炉からコンベヤにのって運ばれ、「灰選別設備」を通ります。灰の中には、燃やすごみにまざっていた鉄などの金属が燃えずに残っているので、それを磁石にくっつけて取りのぞくのです。さらに灰はこまかくくだかれ、ふたたび磁石のついた機械で金属が取りのぞかれます。

　こうして残った灰は、とびちらないようにして、「灰ピット」とよばれるあなにためておきます。灰がたくさんたまったら、エコセメント化施設や最終処分場に持っていきます。灰ピットの灰を運び出すときは「灰運搬車」、焼却炉やろ過式集じん装置で集めたこまかい灰を運ぶときは「ジェットパッカー車」に積みこみます。

▲灰選別設備

▼ジェットパッカー車　灰など、粉や粒状のものを運ぶための車。車の上のあなから灰を入れたらふたをとじ、機械でタンクの中に空気を入れる。そうすると、灰と空気がまざって、あとで車から出しやすい状態になる。

灰はエコセメント化施設へ

武蔵野クリーンセンターで出た灰は、東京都西多摩郡日の出町にあるエコセメント化施設へと運ばれます。この施設では、都内の26の市や町から集めた灰を材料にしてセメントをつくっています。

かつては、ごみを燃やしたあとの灰は土の中にうめていました。しかし、セメントにすることで、もう一度使うことができるようになりました。

ごみを燃やしたあとの灰を材料にしたセメントは、「エコセメント」とよばれています。「エコロジー（環境）」と「セメント」を合わせて名づけられました。エコセメントは道路や建物をつくるときなどに広く使われています。

日本全体で見るとごみを燃やしたあとの灰はうめ立てられることが多いのよ　くわしくは62ページを見てね

エコセメントができるまで

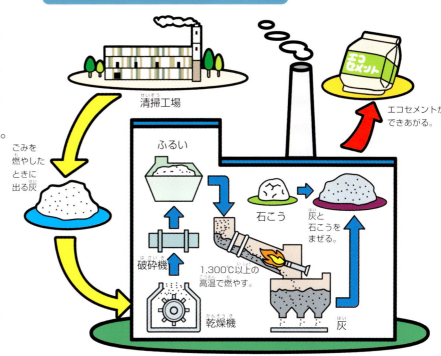

エコセメント化施設

こんなふうに灰をリサイクルできるといいよね！

▶エコセメントでつくられたベンチ　東京都の多摩地域の公園で使われている。

▶エコセメントでつくったブロック　武蔵野クリーンセンターの広場には、このブロックがしいてある。

清掃工場の仕事

清掃工場ではたくさんの機械が動いています。それらをコントロールしたり、チェックしたりする係の人がいます。いろいろな仕事を見てみましょう。

中央制御室の運転係

▲清掃工場の中央制御室　運転係が、工場内のすべてを見守っている。武蔵野クリーンセンターの中央制御室は、見学に来た人がいつでも仕事の様子を見られるようガラスばりにしてある。

🍡 中央制御室って、どんなところ？

　清掃工場には、「中央制御室」という部屋があります。そこは、工場にあるすべての機械をコントロールし、その運転状況を監視しているところです。

　部屋の前のかべには大きなモニターがそなえつけられ、ごみピットの内部やごみが燃えている焼却炉の中の様子がうつし出されています。人が入れないような場所も、監視カメラによって内部の様子が撮影されているのです。

　つくえの上にあるパソコンのモニターには、ごみ処理の全体の流れが図で表され、それぞれの場所で動く機械の仕事の様子が数値で見られるようになっています。ごみピットにどれくらいの量のごみが入っているか、焼却炉ではどれくらいの温度で、どれくらいの量のごみを燃やしているか、また、どれくらいの排ガスが出ているのかなどが、すべて数値でわかるようになっています。

◎モニターの映像 ごみピットの中の様子などがうつし出されている。

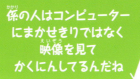
係の人はコンピューターにまかせきりではなく映像を見てかくにんしてるんだね

中央制御室の運転係は何をしているの？

　中央制御室で働く運転係は、モニターにうつされる映像や数値を見守っています。そして、機械が正しく安全に動いているか、ごみ処理の流れにおかしな点がないかなどをかくにんしています。もし異常があったときは、その原因を調べ、どうすればよいか考えるのも運転係の仕事です。
　清掃工場は24時間休みなく動いています。ですから、運転係も交替しながら働き、この部屋をはなれることはありません。

◎モニターを監視する中央制御室の運転係

働く人にインタビュー　工場内の機械の状況を監視しています

　わたしの仕事は、工場内の機械の状況を監視し、異常がないかをチェックすることです。安定してごみを燃やすための大切な役目です。
　例えばパソコンのモニターに表示される数値を見ていると、焼却炉の温度がわかります。焼却炉では、環境などに悪いガスが出ないように、850℃でごみを燃やすと決められています。でも、炉内の温度は、ごみの量や質によって変化します。数値を見ていて、温度が下がってきたことに気づくと、「ごみが燃えにくいんだな」と判断し、炉内の温度を上げるように調整するんですよ。
　やりがいは、安定してごみを燃やすことにより排ガスをきれいにし、武蔵野市の環境を守っていることです。武蔵野クリーンセンターでは、ごみを燃やすときの熱を利用して電気もつくっているので、エネルギーを生み出せることにも、喜びを感じています。

武蔵野クリーンセンター
辻優輝さん

② 清掃工場を見学しよう

クレーン操作室の操作係

▶ごみ投入ホッパ　クレーンでよくかきまぜたごみは、焼却炉につながるこのあなに入れる。

▲クレーン操作室の操作係　ごみピットのごみを持ち上げている。

🗑 クレーン操作室の操作係は何をしているの？

　ごみピットの上についていて、ごみをかきまぜたり、焼却炉に運んだりしている巨大なクレーン。それを動かすのが、クレーンの操作係です。

　操作室はごみピットを見下ろせる位置にあります。操作係は透明な窓ごしに、実際にクレーンの動きを見ながらコントロールします。しめったごみがかたよらないように、ごみをしっかりかきまぜるのが、操作係の仕事です。ごみを持ち上げては落とす作業をくり返し、空気をまぜこみ、ごみの質をどこも同じようにして燃えやすくします。この地道な作業が、ごみを安定して燃やすことにつながります。

働く人にインタビュー　ごみを燃えやすくするためにかきまぜています

　わたしの仕事は、ごみピットにためられたごみをクレーンでかきまぜ、焼却炉に投入することです。ごみをクレーンでつかんで持ち上げ、落としてふくろをやぶります。そうやって空気とまぜることで、ごみを燃えやすくします。生ごみのようなぬれたごみが多いと、重さでわかります。そこで、燃えやすくするために、かわいたごみとまぜ、ごみの状態をどこも同じようにする作業も行います。梅雨のときはごみが雨でしめり、夏は、野菜やくだもののごみがふえてごみが水っぽく燃えにくくなるので、かきまぜる作業もたいへんです。ごみも季節によって変わるんですよ。

　作業中は目で見ているので、燃やすごみに金属の部品などが入っていると、気がつくこともあります。でも、それはもう取り出すことができません。燃え残って、焼却炉の先のコンベヤの中でつまってしまうこともあるので、ごみ出しのときは分別のルールをかならず守ってくださいね。

武蔵野クリーンセンター
矢舘聖也さん

清掃工場の整備係

◀点検時の服装
有害なほこりをすいこむのを防ぐマスクをつけ、安全のためのヘルメットをかぶる。腰には、点検や修理に使う道具を身につけている。

🍙 清掃工場の整備係は何をしているの？

整備係の仕事は、清掃工場内にあるさまざまな機械を点検することです。すべての機械がとどこおりなく動くように、異常がないかだけでなくその前ぶれをとらえる検査をして回ります。かんたんな故障であれば、自分で修理もします。

焼却炉の点検は、炉がとまっている「休炉」のときに行います。24時間休みなくごみを燃やしている焼却炉ですが、年に何度かは運転をとめ、内部をそうじして、異常がないかチェックします。

運転中の機械に異常が出たときも、整備係が出動し、修理を行います。

働く人にインタビュー　焼却炉の中も点検しています

わたしの仕事は、清掃工場内にあるさまざまな機械を、点検・修理することです。機械の故障を防ぐために、「昨日と動く音がちがわないかな？」「よごれがないかな？」と、毎日、目で見て耳で聞いてチェックしています。機械が動きやすくなるように、グリスとよばれる油を機械にさしたりもします。

いちばん大変なのは、焼却炉の点検です。炉はとまっていても内部はとても暑いからです。炉の中には、ごみを燃やすときに生まれるダイオキシンという有害物質があるので、体を守るために防護服を着て入らなければなりません。だから、さらに暑いんですよ。

みなさんにお願いしたいのは、ごみの分別です。以前、燃やしているごみの中に鉄の板が入っていて、それが機械にはさまり、ごみ処理の流れがすべてストップしてしまったことがありました。こうしたトラブルは機械の故障の原因になります。ですからごみの分別のルールは守ってくださいね。

武蔵野クリーンセンター
阿部光一郎さん

清掃工場の働き

清掃工場では、なぜごみを燃やして処理するのでしょうか。また、ごみを処理することで起こる問題は、どのように解決しているのでしょうか。

ごみを衛生的に処理している

なぜごみを燃やすの？

もし、毎日出るごみをそのままにしたら、日本はすぐにごみの山になってしまいます。ある場所にまとめて積んだりしておいたら、ひどいにおいやばいきんが発生し、環境や人々のくらしがおびやかされるでしょう。

そのようなことが、昭和40年代に実際に起こっていました。そのころの日本は、たくさんのものを買っては捨てる時代でした。東京では清掃工場で燃やしきれないほどのごみが出て、生ごみなどもそのままうめてしまったことがありました。その結果、ハエなどの虫が大発生し、ひどいにおいがあたりにただよいました。そこで東京都は清掃工場をふやして、ごみをきちんと燃やすようにしたのです。

「燃やす」という選択は、ごみの処理方法として、とても衛生的なのです。

ごみを小さくする

ごみを燃やすことのよい点がもうひとつあります。ごみの重さや体積（かさ）がへらせることです。そのままうめていたら、とても広いうめ立て地が必要になりますが、燃やして灰にすると、かさが約30分の1、重さが約10分の1にまでへります。うめ立てる場所の広さが、ずっと少なくてすむのです。

■ごみの体積（かさ）と重さの変化

体積（かさ）が約30分の1
重さが約10分の1

燃やすごみ　燃やすと　灰

（出所）武蔵野クリーンセンター資料

環境や人々の健康に配慮している

大気汚染を防ぐ

ごみを燃やすと、排ガスが出ます。それをそのままえんとつから出すと、空気をよごし、環境や人々の健康を害してしまいます。そこで清掃工場では、排ガスにふくまれる有害な物質を取りのぞくことができる機械を使っています。ですが、最後にえんとつから出す排ガスにも、「硫黄酸化物」といった環境や健康に悪い成分がどうしてもふくまれてしまいます。日本では、それが悪い影響をおよぼさないように、出してもよい量を法律で定めています。清掃工場はそれを守って、排ガスを出しています。

○武蔵野クリーンセンターの電子かんばん　武蔵野クリーンセンターでは、排ガスを国が決めている値よりも、低くして外に出している。現在出ている排ガスの量と、それが安全な数値であることを、外に掲示して市民に知らせている。

○高速シャッターとエアカーテン　プラットホームの出入口に、矢印のように空気が流れる、空気のカーテンがある。

においを防ぐ

清掃工場には大量のごみが集まってくるので、外へにおいが出ないようなくふうもされています。武蔵野クリーンセンターでは、ごみ収集車がごみをおろすプラットホームの出入口に、高速シャッターとエアカーテンがそなえられています。高速シャッターは収集車が通るときに開き、通り終わるとすばやく閉まります。また、シャッターが開いているときはエアカーテンが作動し、空気をふきおろすことで空気のまくをつくり、プラットホームからごみのにおいが外に出ないようにしています。

コラム　屋上に発見！　生ごみたい肥を利用した菜園

清掃工場の中には、屋上に土をしきつめて植物を育てているところがあります。アスファルトやコンクリートが多いまちは、日光などによる熱がこもりやすく、気温が下がらないという現象が起きます。しかし、屋上で植物を育てていると、土や葉から水分が蒸発するので、温度が上がるのを防ぐことができます。

武蔵野クリーンセンターの屋上には、畑があります。土を肥やすために使っているのは、生ごみを原料にしてつくったたい肥です。

○武蔵野クリーンセンターの屋上

燃やしたときに出る熱を利用している

ごみを燃やして冷暖房に

　ごみを燃やすときには、高い温度の熱が出ます。清掃工場では、その熱もむだにせず、利用しています。

　焼却炉の上には、「ボイラ」という巨大な湯わかし器がついています。ボイラの中には、湯の入った管がたくさんあり、焼却炉で出た高温の熱で、その湯を沸騰させることで、蒸気を発生させます。水の入ったやかん（ボイラ）を下から火（焼却炉）であたためると、湯がわいて水蒸気がたくさん出ますが、それと同じしくみです。こうしてつくった高温の蒸気は、工場の中で冷暖房や湯をわかすために使われます。また、地下のパイプを通って、近くにある公共施設に送られ、利用されています。

▼武蔵野クリーンセンターから電気や蒸気を供給しているところ

ごみを燃やして蒸気で発電

　電気をつくるのは「発電機」という機械ですが、その発電機を動かすためには、発電機につながる「タービン」という機械の羽根車を、何かの力で回さなければなりません。清掃工場では、ごみを燃やした熱でボイラの湯をわかし、そのときに出る蒸気の力でタービンを回して、発電機を動かしています。つくった電気は、清掃工場のほか、公共施設で使われています。

▲蒸気タービン発電機（ごみ発電設備）　この発電機で1時間あたり最大2,650kw、約6,000世帯が使う電気をつくることができる。

清掃工場では
ごみを燃やした熱を
エネルギーに変えて
利用してるんだね

▶蒸気復水器　直径約4.5mの大きなプロペラを回転させて、発電に使用したあとの蒸気を冷やして水にもどしている。できた水はまたボイラに送られている。

2・清掃工場を見学しよう

不燃ごみ・粗大ごみの処理施設

次に、不燃ごみ・粗大ごみの処理施設を見学しましょう。どのような施設で処理されるのでしょうか。

不燃ごみの処理

「不燃ごみ」は、「燃えないごみ」「燃やさないごみ」など、地域によってさまざまなよばれ方をしています。何を燃えないごみとしているかは市区町村によってちがいますが、陶磁器やガラス、小型の電化製品などが不燃ごみといわれています。

このようなごみには、金属類が多くふくまれています。そこで、ごみをこまかくくだいたあと、金属を取り出し、資源としてふたたび使っています。金属類以外のごみは、こまかくくだいて燃やす場合と、うめ立てる場合があります。

不燃ごみと粗大ごみを処理するなかで貴重な資源が取り出されてるんだね

いっぱいふくまれてそう！

▼粗大ごみを運んできた収集車

粗大ごみの処理

家庭から出される、いらなくなった大きなごみを「粗大ごみ」といいます。例えば、古くなったりこわれたりした家具や自転車、カーペット、ふとん類などです。粗大ごみの出し方は、市区町村によってちがい、粗大ごみ受付へ電話で連絡をして、処理券を買い、粗大ごみにはって出すなどのきまりがあります。

処理施設へ運ばれた粗大ごみは、大型の燃やせるごみと、それ以外に分けられます。大型の燃やせるごみは焼却炉で燃やされ、それ以外のごみは、不燃ごみと同じように処理されます。

不燃・粗大ごみの処理の流れ

注目スポット ① 不燃ごみ・粗大ごみピット

　粗大ごみのうち、たんすやつくえといった木製家具は、燃やすことができます。作業員が1つひとつ「大型可燃性ごみ破砕機」に入れ、粗大ごみを小さくくだきます。その後、燃やすごみのごみピットに入れ、焼却炉で燃やします。その他のごみは、不燃ごみといっしょに専用のごみピットに入れます。

▲大型可燃性ごみ破砕機　作業員が燃やせる粗大ごみを収集車からおろし、破砕機に入れている。

大型の燃やせる粗大ごみをこまかくしているのは焼却炉で燃え残らないようにするためよ

◀不燃・粗大ごみピットにごみを投入する収集車　燃やせない粗大ごみが、ピットに入れられている。

注目スポット ② 破砕機

　不燃ごみや燃やせない粗大ごみはごみクレーンでつかまれ、コンベヤで「一次破砕機」に運ばれます。

　一次破砕機では、ごみを大きなふたつのローラーでゆっくりとまきこみながら、あらくくだいていきます。こうすることで、たとえごみに燃えやすいガス入りのかんが入っていても、火花が起きず、爆発を防ぐことができます。そのあと、高速の「二次破砕機」でこまかくくだきます。

▲一次破砕機

▲二次破砕機

注目スポット ③ アルミ選別機

　くだかれたごみの中から、資源として使える金属のアルミを取り出します。

　アルミは磁石にくっつきませんが、回転する強力な磁石に近づけると、反発して磁石からはなれる性質があります。これを利用して、ごみの中のアルミをとばして分けています。アルミを回収したあとの残りのごみは、「磁選機」に送られます。

■アルミ選別機のしくみ

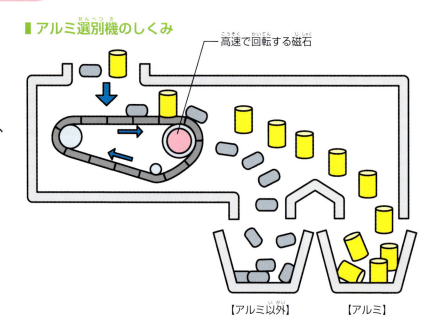

注目スポット ④ 磁選機

■ 磁選機のしくみ

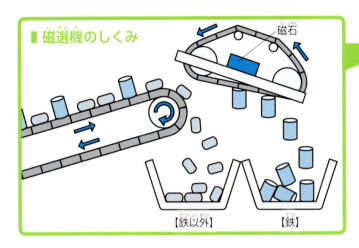
【鉄以外】【鉄】

◎磁選機

　磁石の力で、ごみにまざった鉄をすい上げ、回収します。残りのごみは「粒度選別機」に送られます。

注目スポット ⑤ 粒度選別機

　アルミと鉄を取り出したあとのごみは、さらに「粒度選別機」にかけて、木くずやプラスチックのごみなどを取りのぞきます。取りのぞいたごみは、燃やすごみのごみピットに送り、焼却炉で燃やします。それ以外のごみは、その他の金属類として、回収します。

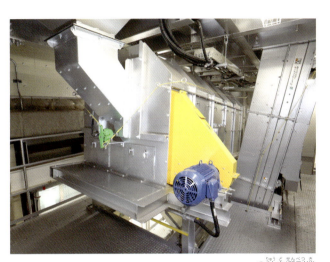
◎粒度選別機

注目スポット ⑥ ホッパ

　回収されたアルミと鉄は、それぞれホッパとよばれる大きな入れものにためられます。その後、トラックでリサイクル工場へと運ばれ、新たな製品をつくる原料になります。

◎ホッパ

家具のリユース

粗大ごみとして捨てる前に

持ち主が不用になった家具や自転車などの中には、粗大ごみとして捨てるにはもったいない、まだ使えるものがたくさんあります。一部の市区町村では、こうした家具や自転車などを無料で引き取り、展示して安い値段で販売しています。

こうした家具の再使用（リユース）は、処理する粗大ごみをへらすことにつながっています。

◀回収した家具の展示会場　東京都港区では、きれいでまだ使える家具が不用になったときは、粗大ごみの受付とは別の係に連絡する。係がチェックして状態がよければ、無料で引き取ってもらえる。そうした家具は、展示会場でほしい人に安く売られている。

まだ使えるものは「もったいない」と思う気持ちが大事よね！

コラム　粗大ごみに出せない4つの家電

「エアコン」「テレビ（ブラウン管・液晶・プラズマ）」「冷蔵庫・冷凍庫」「洗濯機・衣類乾燥機」の4品目は、家庭でいらなくなっても市区町村では引き取ることができません。

これらの家電を処分したいときは、リサイクル料金をはらい、電器店などに引き取ってもらいます。お店はその家電を、製造した元の会社に引きわたすことになっています。会社はその家電を分解し、まだ使える部品や材料を取り出してリサイクルします。このしくみは、「家電リサイクル法」という法律で決まっています。

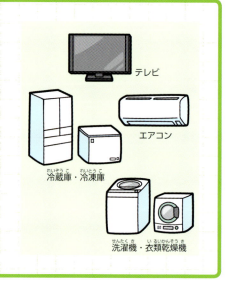

3 リサイクル施設を見学しよう

資源のリサイクル施設は何をしているの？

分別されたかんやびん、ペットボトルなどの資源は、リサイクル施設に運ばれます。施設ではどのようなことが行われているのでしょうか。

これから見学する港資源化センターでは、ペットボトル・かん・びんの資源に分けて作業しているのよ

▲東京都港区にある港資源化センター

🛍 リサイクル施設のふたつの役割

かんやびん、ペットボトル、古紙などは、もう一度新しい製品に生まれ変わることができる大切な「資源」です。わたしたちが資源回収の日に出すそうした資源ごみは、ごみを燃やす清掃工場ではなく、リサイクル施設へ運ばれていきます。

リサイクル施設には、ふたつの役割があります。ひとつは、それぞれの資源の中からリサイクルに適さないものを取りのぞくこと。もうひとつは、リサイクル工場へ運びやすい形にまとめることです。どちらも、資源をリサイクルしやすくするために、大事な作業です。どのようにしてリサイクルしやすくしているのか、次のページから見ていきましょう。

リサイクルの流れ

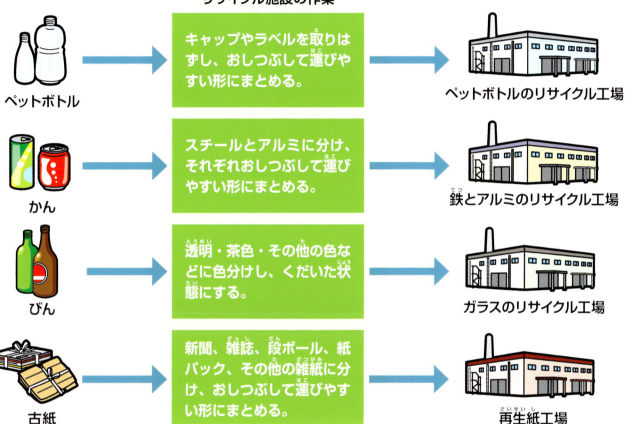

■ リサイクル施設
資源のリサイクル施設では、資源ごとにリサイクルに向いていないものを取りのぞき、運びやすい形にまとめている。

■ リサイクル工場
リサイクル工場に運ばれた資源は、新しい製品をつくるときに必要な「原料」につくりかえられる。

リサイクル施設の作業

資源	作業	工場
ペットボトル	キャップやラベルを取りはずし、おしつぶして運びやすい形にまとめる。	ペットボトルのリサイクル工場
かん	スチールとアルミに分け、それぞれおしつぶして運びやすい形にまとめる。	鉄とアルミのリサイクル工場
びん	透明・茶色・その他の色などに色分けし、くだいた状態にする。	ガラスのリサイクル工場
古紙	新聞、雑誌、段ボール、紙パック、その他の雑紙に分け、おしつぶして運びやすい形にまとめる。	再生紙工場

コラム どうして資源をリサイクルするの？

　例えば、ペットボトルをごみとして捨てたらどうなるか考えてみましょう。ペットボトルは、石油を原料につくられたものです。石油製品は、ごみとして燃やすと環境に悪いガスを出します。燃やさず処分しようとすると、大量のペットボトルをうめる場所が必要になり、大切な自然が失われてしまうかもしれません。さらに、新しいプラスチック製品をつくろうとすれば、新たに石油を使わなければなりません。

　ペットボトルをもう一度資源として使えば、燃やすこともうめることもありません。かぎりある石油をむだにせずにすみます。かんやびん、古紙なども、リサイクルすれば、ごみをへらすことができ、それをつくる原料もむだにせずにすむのです。

どのような作業をしているの？

リサイクル施設では、どのような流れで、どのような作業が行われているのでしょうか。資源ごとに見ていきましょう。

作業の流れ ｜ ペットボトル編

1 リサイクル施設に運びこむ

このセンターでは1時間に約800kgのペットボトルをつぶしてるんだって

▲港資源化センターに運びこまれたペットボトル

🛍 ペットボトルは、キャップとラベルを取るのが大変！

日本では、1年間に回収される使用済みペットボトルの量が52万9,380tもあります（2016年度、事業系もふくむ）。

「港資源化センター」では、東京都港区内の家庭から出されたペットボトルが、1日約3.7tも運びこまれています。センターに着いたペットボトルはベルトコンベヤにのせられ、少しずつ動いていきます。その脇で職員が、ごみやラベルを取りのぞき、ついたままのキャップも1つひとつ機械を使ってはずしていきます。ラベルやキャップは、ペットボトル本体と素材がちがうので、分別するのです。

次に、ペットボトルは圧縮機へ入れられ、強い力でつぶされて、ベールとよばれる運びやすい形にまとめられます。その後、ベールは、リサイクル工場へ運ばれていきます。

（出所）PETボトルリサイクル推進協議会資料

△キャップを取りのぞく機械 あなにキャップ部分を入れると、すばやくはずせるしくみになっている。

ラベルが少し残ってるね

ラベルやキャップは手作業ですべて取りのぞくのがむずかしいの！ペットボトルを資源回収に出すときはルールを守ってね！

② リサイクルに向かないものを取りのぞく

△選別の作業の様子 つぎつぎと流れてくるペットボトルの中から、ごみやラベルなどリサイクルに向かないものを取りのぞく。

③ おしつぶす

△ペットボトルの圧縮機 できたかたまり（ベール）は、ひとつの重さが約20kgある。500mL入りのペットボトル約300本分だ。

働く人にインタビュー　リサイクルには正しい分別が欠かせません

　港資源化センターでは、約30人の職員が働いています。そのうちペットボトルの担当は3人。夏はみなさんが飲み物をたくさん飲むので、回収量がいつもよりふえ、1日約4.5tものペットボトルを処理しているんですよ。ペットボトルを資源回収に出すときは、中を水で軽くすすいでラベルをはがし、キャップを取りのぞいてください。それが不十分だと、手作業で取りのぞく職員がたいへんです。また、回収のときに、かんと一緒にスプレーかんなどを出してしまうと、処理中に火事になることもあるので気をつけてほしいです。
　港資源化センターの職員は、資源を大切にしたいという思いが強く、リサイクルの仕事にほこりをもっています。みなさんも、資源になるものは正しく分別して、リサイクルに協力してくださいね。

港資源化センター
センター長　大沼秀一さん

作業の流れ ｜ かん編

1 選別機に入れる

◎選別機にかんを投入する作業員　かんがセンターに運びこまれてきたら、ごみを取りのぞいたあと、次々に選別機に投入する。

2 磁選機でスチールとアルミに分ける

■磁選機のしくみ

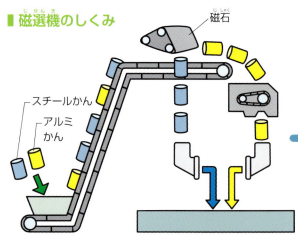

磁選機の中では、強力な磁石が高速で回転している。その磁力ですい上げられたスチールかんは手前に落ち、アルミかんは奥側に落ちる。

作業の流れ ｜ びん編

1 リターナブルびんを分ける

◎びんを分別する作業員　センターに運びこまれたびんは、リターナブルびんとそれ以外のびんに分けられる。

2 不要なものを取りのぞく

◎ベルトコンベヤの前の作業員　リターナブルびん以外のびんの中から、プラスチックのふたなど、不要なものを手作業で取りのぞいている。

③ おしつぶす

△おしつぶされたかん　スチールかんはひとつのかたまりが50kg、アルミかんは20kgある。

🛍 かんはスチールとアルミに分ける！

　かんを処理するときは、まず、作業員がスプレーかんや電池、ごみなどを手作業で取りのぞきます。スプレーかんを選別機に入れてしまうと爆発することがあり、また、ごみなどをかんとまぜてしまうと、リサイクルのときにこまるからです。それから、選別機に入れ、かんの種類によって、「スチールかん」と「アルミかん」に分けます。

　リサイクル施設では、この2種類のかんを、磁石の力を使って分けています。スチールかんは磁石にくっつくので、それを利用して、アルミかんと分けるしくみです。分けられた2種類のかんは、それぞれ金属圧縮機に入れられ、つぶされて大きなかたまりにされます。そして、リサイクル工場へと運ばれていきます。

③ 色別に分ける

△機械を使った色の選別　下から強い光をあてて、上からカメラでうつし、一瞬でびんの色を読み取る。

◁色ごとにはねとばされるびん　流れてきたびんは色ごとにはねとばされ、決められた場所へ落ちる。7～8m下まで落ちるしょうげきで、自然とくだけるしくみになっている。

🛍 資源にするびんは、色で分ける！

　センターにびんが運びこまれると、びんを処理する作業員はまず、あらってまた使える「リターナブルびん」（ビールのびんなど）を分別します。それ以外のよごれのあるびんや、ガラス食器などリサイクルに向かないものは、手作業で取りのぞきます。その後、機械で、「透明」「茶色」「その他の色（緑・青・黒など）」に分けられ、それぞれこまかくくだかれてリサイクル工場へ運ばれます。

　びんを色で分けるのには理由があります。びんは、ふたたび新しいびんへと生まれ変わるので、例えば透明のびんに茶色のびんがまざってしまうと、新たにできるびんの色がきれいな透明にならなくなってしまうのです。市区町村によっては、資源回収の日に、「びんは色別に分けて出す」というルールをもうけているところもあります。

作業の流れ｜古紙編

みんなが紙を出すときは新聞と雑誌を分けているわね分けなければならない理由がこのページでわかるはずよ！

① 重さをはかる

◎運んできた古紙の計量　古紙を車ごと計量している。あらかじめはかってあったトラックの重さを引いたものを記録している。

② 倉庫に運びこむ

◎リサイクル施設の倉庫　集積所などから回収してきた古紙が運びこまれ、倉庫に積まれている。

🗑 古紙は、種類別に分ける！

　使い終えた紙類は、資源ごみの回収日や、地域や学校が取り組む集団回収などに出されます。そうした古紙は、リサイクル施設や古紙問屋などへ運ばれていきます。

　そこではまず、古紙の重さをはかって段ボールや新聞などの種類別に分け、古紙にまざっているビニールやプラスチックなどを取りのぞきます。そして、紙の種類ごとに機械でおしつぶし、大きなかたまりにして、再生紙の工場へと出荷します。

　大事なのは、古紙を機械でおしつぶす前に、紙を種類別に分けることです。例えば、段ボールはふたたび段ボールに生まれ変わります。もし、雑誌や新聞などがまざってしまうと、リサイクルするときに紙の品質が落ちてしまうのです。

▼古紙からつくられる製品　古紙は種類によって生まれ変わるものがちがう。

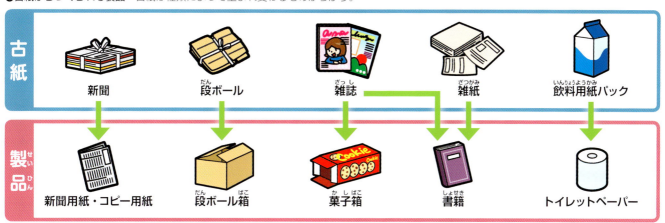

3 種類ごとに分ける

▲古紙の選別をしている作業員　古紙を種類ごとに分ける。再生紙の原料にならないプラスチックのファイルなどは取りのぞいている。

4 おしつぶす

▲梱包する機械　機械で、古紙を種類ごとにおしつぶし、大きなかたまりにする。ひとつのかたまりの重さは、約1tにもなる。

5 再生紙工場へ運び出す

◀フォークリフトで車に古紙を積む作業員　再生紙工場の希望する種類の古紙を荷台にのせて運んでいく。

古紙のリサイクル施設はわたしたちと再生紙工場の中継地点だね

3・リサイクル施設を見学しよう

分別とリサイクル

かんやペットボトルなどには、分別に便利な識別マークがつけられています。識別マークとリサイクルについて理解を深めましょう。

🛍 正しく分けて、リサイクル

気にしていないと、うっかりごみにまぜて出してしまいがちな資源。わたしたちが、ふだんから正しく分別することが、リサイクルの最初の一歩になります。

分別しやすくするために、資源の中には国がマークをつけることを法律で定めているものや、関係する団体がマークを決めているものもあります。どれも素材を見分けるために役立つマークなので、ごみを出すときにはよくチェックしましょう。

識別マーク

- ペットボトル
- プラスチック製容器包装：ペットボトル以外のプラスチックでできた容器包装に表示されている。
- 紙製容器包装：紙でつくられた容器包装に表示されている。段ボールと、牛乳などの飲料用紙パック（内側にアルミがはってないもの）には、このマークは表示されていない。
- 飲料用スチールかん
- 飲料用アルミかん
- 飲料用紙パック
- 段ボール

●識別表示が義務づけられているマーク
●関係する団体が決めているマーク

リサイクルで何に変身するの？

　家庭や学校などで分別され、リサイクル施設で使いやすい形にまとめられた資源は、それぞれリサイクル工場へと運ばれていきます。そこで、かん、びん、古紙、ペットボトルは、新しい製品になるときに必要な原料につくりかえられます。

　スチールかんやアルミかんは、ふたたびかんになるほか、建物をたてる材料や自動車などの部品に生まれ変わります。

　びんは、もう一度びんになるほか、アスファルト道路の材料などになります。

　古紙は、紙の種類によって生まれ変わるものがことなります。新聞からふたたび新聞紙になるものや、牛乳パックからトイレットペーパーに生まれ変わるものなどさまざまです。

　ペットボトルは、ふたたびペットボトルになるほか、下の写真のような思わぬ製品に生まれ変わります。

再生品に生まれ変わるまで

資源ごみ	原料	再生品
かん	再生地金	アルミ再生かん、鉄再生かん、建設資材など
びん	カレット	再生びん、道路の材料など
古紙	古紙パルプ	古紙利用製品
ペットボトル	ペレット	服、文房具、ペットボトルなど

ごみの収集と処理のうつりかわり

昔の人のくらしでも、ごみは出ていました。日本ではこれまで、どのようにごみを集め、どうやって処理してきたのでしょうか。

● 江戸時代（今から約400年前〜150年前）

江戸時代、外国との貿易がかぎられていた日本は、資源がとても貴重でした。そのため、江戸（現在の東京）の人々は、なべやおけなどがこわれたら修理して使っていました。それぞれに専門の修理をする人がいたのです。また、紙くずや火鉢の灰まで、それぞれ回収する業者がいて、紙は再生紙に、灰は肥料にリサイクルをしていました。リサイクルできない生ごみは、土にもどるため空き地などに捨てられていましたが、人口が多くなりごみがふえると、土にもどる前ににおいや虫が発生するようになりました。そこで、江戸幕府は、ごみ捨て場を定め、江戸のまちを清潔に保ったといわれています。

▲灰買い　江戸時代、火鉢やかまどから出た灰は灰買いが買っていた。

● 明治時代〜大正時代（今から約150年前〜90年前）

明治時代、海外から持ちこまれた伝染病が流行し、衛生状態の悪化が問題になりました。明治政府は、その対策として、市区町村がごみを集めて処理するようにしました。家々のごみは、大八車などで集めて回り、集めたごみは、外に積んで焼いていました。そのため、においやけむりの問題が起こり、焼却場がつくられるようになったのです。はじめて日本にごみの焼却場ができたのは明治30年。現在の福井県敦賀市です。

▲大八車　明治時代から昭和時代初期にかけて、大八車とよばれる荷車を使ってごみが収集されていた。

● 昭和時代〜今（今から約90年前〜今）

第二次世界大戦後、人力でごみを運ぶよりも便利な収集車の使用が進みました。ごみの焼却場も各地につくられました。

くらしがゆたかになるにつれて日本では、人々がたくさんものを買ってどんどん捨てるようになり、ごみがふえました。その上、プラスチック容器など便利なものがふえる一方、それらを使い捨てにするようになったことで、燃やすときに出る有害物質の問題や、うめ立てる場所が足りないという問題も起きました。

ごみをへらすために分別回収が始められたのは、1970年代のことです。使えるものは資源として回収し、もう一度使おうという流れは今も続いています。

▲1950年代ごろの収集車　四輪の収集車が普及する前は、オート三輪とよばれる三輪の自動車が使われていた。

ごみ問題を考えよう

日本と世界のごみの量

日本ではどれくらいのごみが出ているのでしょうか。また、世界の国々のごみの量はどれくらいあるのでしょう。

日本で1年間に出るごみの量はどれくらい？

日本では、2016年度に、4,317万 t のごみが出ました。25mプールの約40万杯分になり、これを積み上げると約480km、国際宇宙ステーションまでの距離をこえる高さになります。

このごみの量は、1人が1日あたり約925gのごみを出している計算になります。

プール40万杯分を積み上げると宇宙までとどく高さになるのね

日本では1年間でこんなにもごみが出てるんだあ

約40万杯
約480km

約400km

（出所）環境省「一般廃棄物の排出及び処理状況等」、一般社団法人産業環境管理協会　「小学生のための環境リサイクル学習ホームページ」より作成

たくさんのごみがうめ立てられている

家庭や学校などから出されたごみは、清掃工場で燃やされたり、リサイクル施設で処理されて資源として利用されたりしています。燃やしたあとに残った灰のうち再利用できないものや、燃やすこともリサイクルもできないようなごみの多くは、最後は各地にある最終処分場にうめ立てられています。

2016年度にうめ立てられたごみの量は、398万tにのぼります。日本で出されるごみの量も、最後にうめ立てられるごみの量も、少しずつへってきていますが、まだまだごみをたくさん出していることに変わりはありません。

○東京港内のうめ立て処分場　東京都の23区で出たごみは燃やされたり、こまかくくだかれたあとにこの処分場に運ばれる。東京港に新たに処分場をつくる場所はなく、今うめ立てているところは、あと50年でいっぱいになるといわれている。

世界ではどれくらいごみが出ているの？

世界でもごみはたくさん出ています。そして、その量はこれからもふえていくことが予想されています。世界のごみの量は、2050年には2010年の約2倍になると考えられているほどです。世界には、日本のようなごみ処理施設のない国も多く、発展途上の国の中には、ごみを処分場に積んだままにしているところもあります。また、ごみの山から火災が発生したり、不衛生な環境のせいで人々が病気になったりもしています。そうした国を技術のある国が助け、ごみの収集車や焼却施設の整備の面で協力したり、ごみ処理の制度づくりを助けたりしていくことが大切になっています。

今のままでは世界のごみがどんどんふえ続けていくのね

■世界のごみの発生量の予想

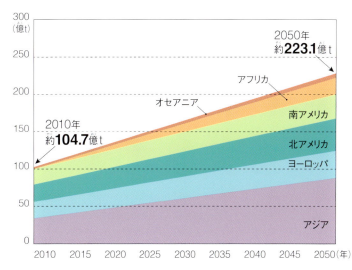

（出所）廃棄物工学研究所「世界の廃棄物発生量の推計と将来予測 2011改訂版」

ごみをめぐる問題

　ごみについては、処理するためにかかるお金や場所、環境など、いろいろな問題が発生しています。どのような問題があるか学んでいきましょう。

🟣 最終処分場が足りない

　最終処分場は、燃やすことも資源として利用することもできないごみや灰を、最後にうめ立てるところです。2016年度末の時点で、日本にある最終処分場は1,661か所です。ごみは出続けるので、これからもうめていくと、最終処分場のうめる場所が、だんだん少なくなっていきます。この先、日本に新しい最終処分場がつくられないとすると、ごみをうめられるのは、あと20年ほどといわれています。

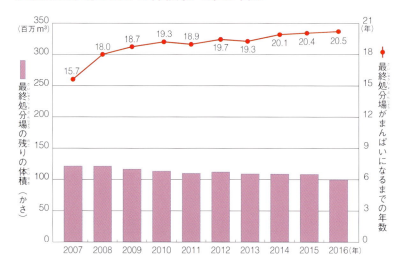

■ 最終処分場の残りの体積（かさ）と年数

最終処分場がまんぱいになるまでの年数がふえているからといって安心できないのよ。今ある処分場を長く使えるようにもっと努力が必要なの！

🟣 ごみ処理にはお金がたくさんかかる

　ごみを処理するには、収集のためのお金や、焼却炉で燃やすときのエネルギー代、古くなった焼却炉を買いかえるお金などがかかります。このようなごみ処理にかかるお金をすべて足すと、2016年度にかかったのは、国全体で1兆9,606億円でした。これは、国民1人あたり、1年に1万5,300円かかった計算になります。
　収集のときのごみぶくろを、一部または全部を有料にすることで、住民がごみ処理の費用をはらっている市区町村がふえてきましたが、それでもごみ処理には多くの税金が使われています。
　ごみがへれば、それだけ処理の費用が節約でき、教育や福祉、防災など、みなさんのくらしをよりよくするために、税金を使うことができるようになるはずです。

（出所）環境省「一般廃棄物の排出及び処理状況等」

地球温暖化

ものを燃やすと二酸化炭素が発生します。二酸化炭素が空気中にふえすぎると、地球から熱がにげなくなり、地球の気温が上がっていく地球温暖化が起きてしまうのです。

このまま地球の気温が上がり続けると、陸上の氷河や氷床が海にとけ出して海面が上がり、しずんでしまう島も出てきてしまいます。また、気候が変わり、ひどい大雨がふって洪水になったり、日照りが続いたりするかもしれません。生き物はすみづらくなり、わたしたちの食料である米や野菜をふくむ植物の生長にも、影響が出るでしょう。

ごみをたくさん燃やせば、それだけ二酸化炭素が出ます。ごみをへらすことは、地球温暖化をおさえるためにも大事なのです。

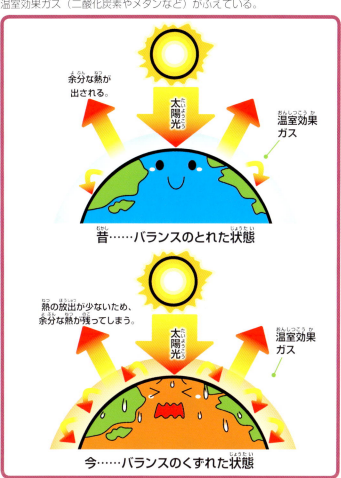

○温暖化している地球　太陽からの熱を地球にとじこめる働きをする温室効果ガス（二酸化炭素やメタンなど）がふえている。

■ 資源はあと何年とれるの？

（2016年末）

- 石油：51年
- 天然ガス：53年
- 石炭：153年

（出所）BP「BP統計」

資源がなくなる

ペットボトルやプラスチックの原料である石油や、かんなどの原料である金属は、人がつくれるものではありません。紙もまた、木を材料にしてつくられています。地球にもともとある資源は、かぎりがあります。なくなったらそれきりです。

わたしたちがごみにしているものの中には、貴重な資源からできているものがたくさんあります。ものを買うときやごみを捨てるとき、それが何でつくられているのか考えてみましょう。そして、買っては捨てるという生活をしているのなら、見直しましょう。

3Rを広めよう！

　ごみをへらし、資源を大切にするために実行したいのが、「3R」とよばれている3つの行動です。

🟣 3Rって何？

　3Rは、英語のリデュース（Reduce ごみをへらすこと）、リユース（Reuse くり返し使うこと）、リサイクル（Recycle 資源として再利用すること）の、頭文字の3つのRをとった言葉です。右のページに、それぞれの意味をまとめました。

　3Rはごみの問題を解決していくための大切なキーワードです。1人ひとりがこのキーワードをおぼえて、それを心がけてくらしていけば、自然とごみはへっていくはずです。

🟣 3Rの中で、いちばん大切なのは？

　この3つのRの中で、いちばん大切な行動はどれだと思いますか？　それはリデュース。ごみをへらすことです。じつは「リデュース」「リユース」「リサイクル」は、優先させる順番にならんでいるのです。

　はじめからごみを出さないようにくふうしてくらしていれば、リユースやリサイクルをする必要はありません。リサイクルも大切ですが、リサイクルの現場では、電気をたくさん使って機械を動かしているだけでなく、資源を回収して使いやすくするまでに、多くの人が働かなければなりません。ごみの量をへらせば、こうした電気や手間が少なくすむのです。

リデュースがいちばん大事なんだね
リサイクルがいちばん大事だと思ってた

３Ｒの取り組みの例

≫ ごみをはじめから出さない
Reduce
リデュース

３Ｒの中でいちばん大事なリデュース。ごみになるものを家に持ちこまないようにし、ごみを出さないように気をつけて生活しましょう。

マイはしやマイボトルを使えば、わりばしやペットボトルを捨てずにすむね

≫ 何回もくり返し使う
Reuse
リユース

ものはすぐに捨てずに、くり返し使いましょう。ものがこわれたときも、すぐに捨てずに、「リユース」のキーワードを思い出してください。

まだ着られるしもったいないよね

これ、わたしが小さいときに着ていた服なの 着てくれたらうれしいな

≫ 資源はごみと分けて、再利用する
Recycle
リサイクル

どうしても捨てるときは、ごみではなく資源としていかせないか考えましょう。再利用できるものは、かならず分別して捨ててください。

しっかり分別すればリサイクルしやすくなるよね！

家庭から出るごみをへらそう！

ごみは、わたしたちがくらし方をくふうすれば、へらすことができます。家ではどんなことに気をつければよいか、考えてみましょう。

家族みんなで

■生ごみの水をよく切ろう

家庭から出るごみで多いのが、生ごみです。その約70〜80％が水分であるといわれています。捨てる前に水分をよく切れば、ごみの量をその分へらすことができます。また、ごみを清掃工場で燃えやすくするためにも、水切りをしっかり行いましょう。

■冷蔵庫の中の食品を捨てない

消費・賞味期限が切れてしまった食品が、ごみとして大量に出されています。これは「食品ロス」とよばれています。食品ロスをへらすために大切なのは、まず必要以上に食品を買わないこと。そして、冷蔵庫などで保存している食べ物の量をこまめにチェックして、しっかりと食べ切るようにしましょう。

生ごみは水をよく切ってね

中身をチェック！

■出かけるときは、水筒を持っていこう

まちでは、紙パックやペットボトル、プラスチックのカップなど、使い捨ての容器で飲み物が売られています。これらの多くが、一度使ったきりでごみになってしまいます。飲み物を水筒に入れて持ち歩けば、その分、ごみをへらすことができます。

また、ペットボトルやかんなどを買ったときは、リサイクルしやすいように、分別してから捨てましょう。

マイボトルを使えば資源のむだづかいがふせげるわ

買い物で

■マイバッグを持っていこう！

買い物に行くときは、使い捨てのレジぶくろをもらわずにすむように、くり返し使えるマイバッグを持っていきましょう。レジぶくろは石油が原料のポリエチレンという素材でつくられています。レジぶくろをことわる人がふえれば、その分、ふくろをつくらずにすみ、石油の節約にもなります。

■包装が少ない商品を選ぼう

スーパーマーケットなどでは、トレイにのせた食品が、さらにラップでまかれた状態で売られています。このような包装は、家に持ち帰ればごみになってしまいます。同じ種類の商品ならば、包装が少ないもの、できれば包装のないものを選びましょう。それだけで容器や包装のごみがへらせます。

包装の少ないもの

■長く使えるものを選ぼう

ものを買うときは、本当に必要かどうかをじっくり考えてみましょう。ほしいから、安いからという理由だけで買うのではなく、大事にできて長く使えるものを選ぶことが大切です。

■リサイクルされた商品を選ぼう

ものを買うときは、できるかぎりリサイクル素材でつくられた商品を選びましょう。例えば、牛乳パックからつくられたトイレットペーパーやティッシュペーパー、ペットボトルからつくられた文房具、再生紙を使ったノートなどがあります。わたしたちがこうしたものを買うことで、はじめて資源はリサイクルされたことになります。

学校のごみをへらす取り組み

学校で出るごみは、へらすことができます。実際にどんな取り組みが行われているか、見てみましょう。

みんなでやろう、古紙の分別！

教室でよく出るごみは、使い古した紙です。紙は資源として回収してもらえば、新しい紙に生まれ変わります。多くの小学校が「回収ボックス」を置き、紙はそこに入れる取り組みをしています。たまった紙は、古紙回収業者などに取りにきてもらい、資源として活用してもらっています。

給食の牛乳パックをリサイクルしている学校もあります。飲み終えた牛乳パックをよくあらい、水を切ってかわかします。それから古紙回収業者に引き取ってもらい、新しい紙製品にしてもらっています。この取り組みを通してリサイクルの流れと資源の大切さを学んでいます。

▼北九州市立高見小学校のリサイクルコーナー 古紙としてあまりリサイクルされない書道用紙も集めて、専門の業者にたのんでリサイクルしてもらっている。

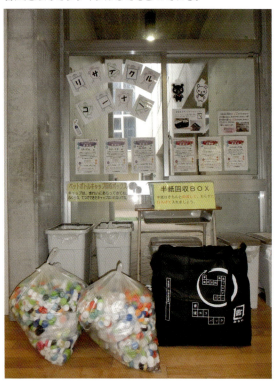

▼岡崎市立山中小学校の牛乳パックリサイクルの取り組み 給食の牛乳パックを自分たちであらい、かわかしている。

調理くずでたい肥をつくる！

　給食をつくるときには、どうしてもたくさんの調理くずが出ます。これを捨てずにリサイクルしている学校があります。群馬県高崎市では、市内の小中学校などから出る調理くずや給食の食べ残しを加工業者にわたし、それを原料にたい肥をつくってもらっているのです。調理くずでつくったたい肥で育てた野菜がふたたび学校にとどけられ、給食の材料になっています。

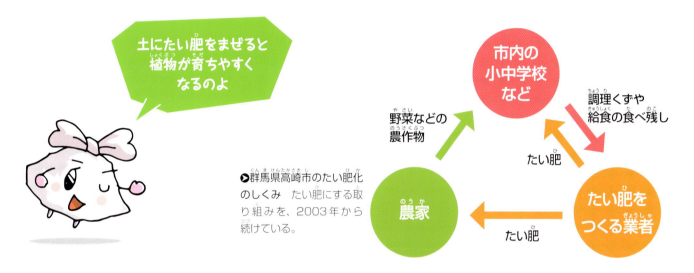

▶群馬県高崎市のたい肥化のしくみ　たい肥にする取り組みを、2003年から続けている。

▲高崎市のたい肥をつくる施設　小中学校などから集めた調理くずや給食の食べ残しを、処理機に入れて熱を加えたり、かんそうさせたりして、たい肥にしている。

▼できあがったたい肥　ふくろづめされ、学校や農家の元に運ばれる。

地域のごみをへらす取り組み

地域のお店や市区町村では、ごみをへらすための取り組みが行われています。わたしたちのくらしとごみをへらす活動を考えてみましょう。

お店の取り組み

■回収ボックスを置く

スーパーマーケットなどでは、食品の容器を種類ごとに回収し、リサイクル業者に引きわたすという取り組みをしているところがあります。かん、ペットボトルはもちろん、ペットボトルのふた、発泡スチロールの食品トレイ、牛乳パックなどを回収しています。お店には専用の回収ボックスがそなえられており、お客さんが買い物に行くついでなどに資源を持っていけば、入れられるようになっています。

▲横浜市のスーパーマーケットの入口に置かれている回収ボックス

■包装の少ない売り方

野菜やくだものをばら売りしているお店や、肉や魚をトレイにのせず、ビニールぶくろに入れて売っているお店もあります。こうすることで、家に持ち帰るごみをへらすことができます。また、ばらで必要な分だけを買えば、調理しきれずに生ごみにしてしまうこともありません。

▲ビニールぶくろに入れられた鶏肉

トレイよりビニールぶくろの方がごみがへらせるね

■レジぶくろをへらす取り組み

最近は、レジぶくろの使用量をへらすために、レジぶくろを有料にしているお店や、レジぶくろを使わない人には、会計をするときに値引きをするというお店がふえています。

▶神奈川県で使われているレジぶくろ不要カード　このカードを会計時にレジの人にわたすと、レジぶくろを使わないことを伝えられる。

マイバッグを持っていけばいいね

地域での取り組み

■マイボトルOK店とマイボトルキャンペーン

東京都町田市では、紙コップなどの使い捨て容器をへらすために、市民が積極的に水筒やタンブラー、マグカップを使うように、地域ぐるみのしくみを考えました。持参した「マイボトル」に飲み物を入れてくれる飲食店をつのり、そのお店を市が「マイボトルOK店（町田市マイボトル等推進協力店）」としてみとめているのです。マイボトルOK店には、認定ステッカーがはられているので、市民はすぐにわかります。また、市がスポーツの試合会場などで「マイボトルキャンペーン」を行い、マイボトルを持ってきた人が無料で麦茶を入れられるサービスも行っています。

◀町田市のフットボール会場でのマイボトルキャンペーンの様子

■おさがりボックス

山形県上山市では、服のリユースをすすめるために、市内の保育園や幼稚園などに、「おさがりボックス」を置いています。そこには、着られなくなった子ども服を入れることができます。また、ボックスに、自分の子どもが着られる服があれば、保護者は持っていってよいというしくみです。

子どもは成長が早いので、服を買ってもすぐに着られなくなります。そんな衣類をごみにしないためのくふうです。おさがりボックスは、衣類ごみをへらすことに役立っています。

▲上山市総合子どもセンターのおさがりボックス

コラム　めざせ、ごみゼロ！　徳島県勝浦郡上勝町

徳島県勝浦郡上勝町は、2003年9月、「ゼロ・ウエスト宣言」をしました。ウエストとはごみのこと。2020年までに、上勝町ではごみをゼロにしようとしているのです。

上勝町が家庭ごみを22種類に分けて分別するようになったのは1998年。現在では34種類ものごみの分別を行い、できるものはすべてリサイクルに回して、ごみをへらしています。住民は家から出たごみを、地域のごみステーションへ自分で持っていきます。そこには担当者がいて、ごみをどこへ分ければよいか相談にのってくれるしくみになっています。

▲上勝町のごみステーション

循環型社会をめざそう

　ここまで、ごみをへらす取り組みを見てきました。これからわたしたちはどんな社会をめざせばよいのでしょうか。

循環型社会とは

　わたしたちが大量にものをつくり、買い、捨てるという社会をいとなんできた結果、日本では最終処分場が足りなくなり、世界全体では石油などの資源がへるなど、さまざまな問題が起きています。これらの問題を解決していくためには、わたしたちの社会を「循環型社会」にする必要があります。
　循環型社会とは、できるだけごみの発生をおさえ、資源のリユース・リサイクルを進める、環境への負担をおさえた社会のことです

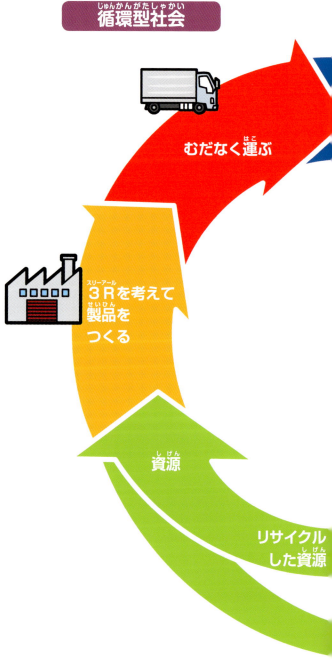

循環型社会

むだなく運ぶ

3Rを考えて製品をつくる

資源

リサイクルした資源

循環型社会ってなんだかむずかしそう

きみたちが3Rに取り組めばいいのよ

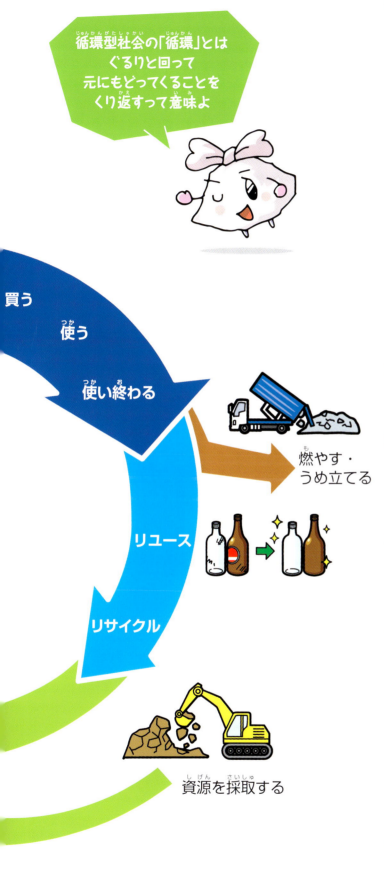

循環型社会の「循環」とは
ぐるりと回って
元にもどってくることを
くり返すって意味よ

循環型社会をめざす法律

　日本では、国が循環型の社会をつくっていくための法律を定めています。46ページでしょうかいした「家電リサイクル法」もそのひとつ。ペットボトルや食品トレイなどの包装容器をリサイクルすることも「容器包装リサイクル法」という法律で決められています。

　わたしたちが使っている身の回りのものは、石油や金属、木など、地球から得たかぎりある資源をもとにつくられています。それらを使い捨てにせず、くり返し使う社会にするために、国が、自治体やものをつくる会社、国民の役割を決めているのです。

1人ひとりの心がけから始まる

　わたしたちは、大人も子どもも全員が、循環型社会をつくるためのメンバーです。ごみを捨てるときも「今捨てようとしているものは資源になるかもしれない」と考え、しっかり分別しましょう。そして、買い物をするときは包装や容器などをよく見て、「これを買うことでどんなごみが出るのかな？　そのごみはリサイクルができるのかな？」と考えてから、買うものを選びましょう。

　1つひとつは小さな行動でも、みんなで取り組めば、社会をよりよくしていく大きな力になります。

見学したことをまとめよう

清掃工場やリサイクル施設での見学をふり返り、わかったことや感じたことを整理しましょう。ここでは、クラスで発表するためのまとめ方や、新聞やポスターをつくるときのポイントをしょうかいします。

まとめ方・調べ方

✏️ まとめのテーマを決めよう！

見学をふり返って、あなたの心にいちばん残ったことは何ですか？　それをテーマにして見学で学んだことをまとめましょう。見学のときに書いたメモを見返したり、工場で働く人たちの話を思い返したりして、「自分はこれを人に伝えたい」と思えるものをテーマに決めましょう。

わたしはペットボトルのリサイクルについてまとめたいな！

ぼくは、ごみを燃やして電気をつくっていることを知って感動したからそれをテーマに調べる！

✏️ 自分でもさらに調べてみよう

まとめの作業をしていると、さらに知りたいことがきっと出てきます。例えば、「リサイクル施設でつぶされたペットボトルは、この先どうやってリサイクルされるのか？」「自分のまちのごみの分別は、となりのまちとどうちがうのか？　それはなぜなのか？」などです。そんな疑問が生まれたら、インターネットで地域の役所のホームページを見たり、学校やまちの図書館で調べたりするとよいでしょう。どの本を調べたらよいかわからないときは、図書館の先生や司書さんが相談にのってくれます。

★この本のうしろにあるワークシートをコピーして、まとめてみましょう。

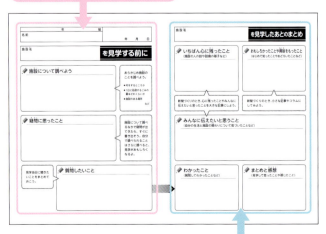

左側は、見学前に書きこもう

右側は、見学後に書きこんで、新聞づくりに役立てよう

74

話し合い

✏️ グループになって、さらにまとめよう

まとめたことは、クラスで発表し合いましょう。同じテーマについて興味をもった人とグループをつくり、それぞれがまとめたことを、さらにひとつにまとめあげます。グループで話をすると、自分が気づかなかったり考えつかなかったりしたことを、だれかが気づいて教えてくれることがあります。いろいろな人の意見を聞くことで、自分が興味をもったテーマについて、より深く考えることができます。

★ テーマ「ごみをへらしたい」

- 清掃工場の人が生ごみが多いとごみが燃えにくいって言ってたでしょ？
- 市役所では生ごみをたい肥にする機械を買う人にお金を出してくれるんだって
- 生ごみがへればごみの量がへるんだよ　でも、料理をすれば野菜のくずとか出ちゃうね……
- ほんと!?　それも発表会でしょうかいしよう!

✏️ まとめたことを発表しよう

クラスで発表会を開き、各グループごとにまとめたテーマを、ほかの人に伝えましょう。見学してわかったことだけではなく、見学を通して何を感じたのか、自分たちの考えを伝えることがとても大事です。

発表したら、聞いていた人から質問や感想を聞きます。その中にわからないことがあれば、さらに調べてみるとよいでしょう。

新聞づくり

読んだ人に考えさせる記事をつくろう

わかったことや考えたことを人に伝えるとき、「新聞」はとても便利です。あなたが興味をもったテーマについて、教室などにはる壁新聞をつくってみましょう。

よい新聞は、事実をしっかりと伝え、読んだ人に考えさせる新聞です。ひとつのテーマについていろいろな見方をした記事をのせ、それを読んだ人が「自分ならどう考えるかな」と思えたら、大成功です。

例えば「古紙のリサイクル」について伝える新聞をつくるとします。そのとき、「リサイクルはよいこと」という情報のほかに、「リサイクルする前の紙は、木を原料につくっていること」「木を切ることが、自然破壊につながるという意見があること」なども取り上げると、読んだ人が「どうすればいいのかな？」と考えられます。さらに、自分たちが１年にどれだけの量の紙を使っているのかなどをコラム記事にしてそえれば、古紙のリサイクル問題を自分のこととして身近に考えることができます。

[新聞づくりの流れ]

1 テーマを決める
自分のいちばん伝えたいことをテーマにする。

2 取材をする
清掃工場やリサイクル施設での見学の内容をふまえ、さらに知りたいことを自分で調べる。

3 記事を書く
原稿用紙に下書きをする。大きな記事や小さな記事、コラム、自分が感じたことなどを書く。記事の内容を短い言葉で伝える「見出し」は、読者の気を引くためにとても大事。

4 レイアウトをする
新聞の紙面に、記事を置く位置を決める。写真や絵をそえ、データなどをしょうかいするときは表やグラフがのっていると、わかりやすい。

5 清書する
レイアウトした場所におさまるように、下書きをもとに清書する。

いちばん伝えたいことを大きな記事に

自分が感じたこともしっかり書こう！

グラフを使ってわかりやすく

ポスターづくり

見た瞬間、相手の心をつかむポスターに

見学を通して、みんなに知らせたいことを1枚のポスターにして、その思いをほかの人に伝えましょう。ポスターは、見た瞬間の印象が大事です。一瞬で見た人の心をつかむポスターにするには、絵と文を、じゅうぶん考えぬくこと。どちらも案をたくさん出し、その中でどれがいちばん自分の思いを伝えられるか考えて選びましょう。

絵も文もアイデア勝負！

ポスターの絵は、上手にかけなくてもかまいません。見た人をおどろかすようなアイデアで勝負しましょう。例えば、ごみの分別をよびかけるポスターなら、分別をすることで、明るい未来になることを楽しい絵で表現するのもよいでしょう。逆に、分別をしないとたいへんな未来がやってくるというおそろしい絵にしてもかまいません。笑える絵、ぞっとする絵、楽しい絵、悲しい絵など、同じテーマでも、アイデア次第でいろいろな印象のポスターをつくることができます。

絵にそえる文は、いくつか考えてノートに書き出し、「これだ！」というものを選びます。ポスターを見た人の心にひびく文を考えましょう。

絵と文でぱっと目をひき、そのあとも忘れられなくなるようなポスターをめざしてください。

[ポスターづくりのポイント]

- ぱっと見て内容がわかる絵にする。
- 文は短く、相手に伝わるように。
- 絵も文も、目立つ色を使う。
- 文の位置をくふうする。はしによせなくてもよい。
- 絵を大きく入れる。
- 下書きをしたら、はなれたところから見てバランスをたしかめる。

★ 小学生のポスター作品

あ

- アルミかん……………52-53、56
- アルミ選別機………………44
- 硫黄酸化物…………………39
- 運転係…………………34-35
- エアカーテン……………28、39
- エコセメント……………17、33
- エコセメント化施設…17、27、33
- えんとつ…………………27、31

か

- 回収ボックス………………68、70
- 家電リサイクル法…………46、73
- カレット……………………57
- かん……………49、52-53、57
- クレーン………………26、29、36
- クレーン操作室……………26、36
- 計量機………………………26、28
- 古紙………49、54-55、57、68
- 古紙パルプ…………………57
- ごみ収集車……➡収集車
- ごみ集積所……➡集積所
- ごみピット…………26、29、36

さ

- 最終処分場…………16-17、61、62
- 再生地金……………………57
- 識別マーク…………………56
- 資源……………17、48-49、63、64
- 資源ごみ……………15、16、57
- 磁選機………………………45、52
- 収集車……13、18、20-21、22、58
- 集積所………………………16、18
- 循環型社会…………………72-73
- 蒸気…………………………40-41
- 蒸気タービン発電機………27、41
- 蒸気復水器…………………27、41
- 焼却場………………………58
- 焼却炉……17、26、30、34、36、40
- 食品ロス……………………66
- スチールかん………………52-53、56
- 3R…………………………64-65
- 清掃工場……16-17、26、34、38、39
- 清掃事務所…………………22
- 整備係………………………37
- 選別機………………………52
- 操作係………………………36
- 粗大ごみ……………15、16、42-46

た

- タービン……………………41
- ダイオキシン………………27、30
- 大気汚染……………………39

大八車……………………………58

たい肥……………………………69

地球温暖化………………………63

中央制御室…………………26、34-35

は

灰………26-27、30、32、33、38

灰買い……………………………58

排ガス…………………27、31、39

灰選別設備……………………27、32

灰ピット………………………27、32

破砕機…………………………43、44

発電機……………………………41

びん……………49、52-53、57

不燃ごみ………………………42-45

不燃ごみ・粗大ごみピット………43

プラットホーム……………26、28

分別………………14-15、56、68

ベール…………………………50-51

ペットボトル……49、50-51、57

ペレット…………………………57

ボイラ……………………………40

ホッパ……………………………45

ま

マイバッグ………………………67

マイボトル………………………71

燃やさないごみ………14、16、42

燃やすごみ…………………14、16

や

有害ごみ……………………15、16

ら

リサイクル……………………………
　　　48-57、64-65、67、68-71、72

リサイクル工場……………17、49

リサイクル施設…………17、48-49

リターナブルびん………………52-53

リデュース…………………64-65

リユース………46、64-65、72

粒度選別機………………………45

レジぶくろ………………………70

ろ過式集じん装置…………27、31

監修　梅澤 真一（うめざわ しんいち）

筑波大学附属小学校社会科教育研究部教諭。日本社会科教育学会、日本地理教育学会、全国社会科教育学会所属。東京書籍『新しい社会』教科書編集委員。編著に『必備！社会科の定番授業 小学校４年』（学事出版）、監修に『小学総合的研究 わかる社会』（旺文社）、『読んでおきたい偉人伝 小学１・２年―日本と世界の偉人12人の物語』（成美堂出版）など。

キャラデザイン	池田圭吾
本文イラスト・図版	ＡＵＮ、池田圭吾
撮影	石田健一
原稿執筆	中島 妙
デザイン	グラフィオ
ＤＴＰ	Studio Porto
編集協力	株式会社アルバ
取材協力	武蔵野市 荏原環境プラント株式会社 武蔵野美装株式会社 みなとリサイクル清掃事務所

写真提供・協力（五十音順）

イトーヨーカドー立場店、神奈川県 環境農政局 環境部 資源循環推進課、株式会社 大久保、株式会社 沖縄計測、株式会社 紙商五代、株式会社 佐彦、株式会社 髙木化学研究所、上勝町役場、上山市役所 市民生活課 環境衛生係、ガラスびん３Ｒ促進協議会、北九州市立 高見小学校、協同組合 厚木市資源再生センター、公益社団法人 横浜市資源循環公社、猿田工業 株式会社、全国牛乳容器環境協議会、高崎市教育委員会 健康教育課、東京たま広域資源循環組合、東京都環境局、日本紙パルプ商事 株式会社、平成29年度ヨコハマ３Ｒ夢（スリム）ポスターコンクール入賞作品、町田市環境資源部 ３Ｒ推進課、横浜市

清掃工場・リサイクル施設図鑑

2018年12月 初版発行
2020年 3月 第3刷発行

監修／梅澤 真一

発行所／株式会社 金の星社
〒111-0056 東京都台東区小島1-4-3
電話／03-3861-1861（代表）
FAX／03-3861-1507
振替／00100-0-64678
ホームページ／http://www.kinnohoshi.co.jp

印刷／広研印刷 株式会社
製本／牧製本印刷 株式会社

NDC360 80P. 28.7cm ISBN978-4-323-05708-8
©Keigo Ikeda,AUN,ARUBA inc.,2018
Published by KIN-NO-HOSHI SHA,Tokyo,Japan
乱丁落丁本は、ご面倒ですが、小社販売部宛にご送付ください。
送料小社負担にてお取り替えいたします。

JCOPY 出版者著作権管理機構 委託出版物

本書の無断複写は著作権法上での例外を除き禁じられています。
複写される場合は、そのつど事前に出版者著作権管理機構
（電話 03-5244-5088 FAX 03-5244-5089 e-mail: info@jcopy.or.jp）の許諾を得てください。
※本書を代行業者等の第三者に依頼してスキャンやデジタル化することは、
たとえ個人や家庭内での利用でも著作権法違反です。

社会科見学におすすめの図鑑！

多くの小学校が社会科見学で訪れる「清掃工場・リサイクル施設」と「浄水場・下水処理場」について、施設の概要や作業工程などをくわしく紹介。それぞれの施設で撮影した写真をたっぷり盛りこみ、マンガやイラストも使って楽しく構成しました。

社会科見学に行く前の事前学習や、見学後の新聞づくりなどに役立つ内容です！

『浄水場・下水処理場図鑑』　　　『清掃工場・リサイクル施設図鑑』

梅澤 真一 監修
（筑波大学附属小学校 教諭）
A4変型判
各80ページ
NDC360（社会）
図書館用堅牢製本

社会科見学に役立つワークシートを各図鑑に収録！

名前	年　　　組	
		年　月　日

施設名	を見学する前に

✏️ 施設について調べよう

> あらかじめ施設のことを調べよう。
>
> ● 何をするところか
> ● 1日に処理するごみの量はどれくらいか
> ● 施設のある場所
> 　　　　　　　　など

✏️ 疑問に思ったこと

> 施設について調べるなかで疑問が出てきたら、すぐに書き出そう。自分で調べられることはさらに調べると、見学がおもしろくなるよ。

✏️ 質問したいこと

> 見学当日に聞きたいことをまとめておこう。